中国非煤矿山发展趋势和安全生产监管研究

史 丹 等著

RESEARCH ON THE DEVELOPMENT TREND AND SAFETY PRODUCTION SUPERVISION OF NON-COAL MINES IN CHINA

中国社会科学出版社

图书在版编目(CIP)数据

中国非煤矿山发展趋势和安全生产监管研究/史丹等著.—北京：中国社会科学出版社，2020.6

（国家智库报告）

ISBN 978-7-5203-6392-1

Ⅰ.①中… Ⅱ.①史… Ⅲ.①矿业发展—工业化—研究报告—中国 Ⅳ.①F426.1

中国版本图书馆 CIP 数据核字（2020）第 071969 号

出 版 人	赵剑英
项目统筹	王　茵
责任编辑	李海莹
责任校对	刘　洋
责任印制	李寡寡

出　　版	中国社会科学出版社
社　　址	北京鼓楼西大街甲 158 号
邮　　编	100720
网　　址	http://www.csspw.cn
发 行 部	010-84083685
门 市 部	010-84029450
经　　销	新华书店及其他书店

印刷装订	北京君升印刷有限公司
版　　次	2020 年 6 月第 1 版
印　　次	2020 年 6 月第 1 次印刷

开　　本	787×1092　1/16
印　　张	12.75
插　　页	2
字　　数	131 千字
定　　价	78.00 元

凡购买中国社会科学出版社图书，如有质量问题请与本社营销中心联系调换
电话：010-84083683
版权所有　侵权必究

课题组负责人：

  史　丹　中国社会科学院工业经济研究所所长、研究员

课题组成员：

  李鹏飞　中国社会科学院工业经济研究所研究员

  秦　宇　中国社会科学院工业经济研究所助理研究员

  聂新伟　国家发改委区域发展战略研究中心助理研究员　工业经济研究所能源经济研究中心特邀研究员

  李少林　东北财经大学产业组织与企业组织研究中心副研究员　工业经济研究所能源经济研究中心特邀研究员

摘要： 本书总结了新中国成立以来非煤矿业的发展规律，及其在工业化不同阶段的主要特征，分析了供给侧结构性改革深入推进背景下未来一段时期中国非煤矿业的发展趋势。从时间、地域、矿种、类型、诱因、开采方式、企业规模等多个角度，分析了中国非煤矿山生产安全事故的发生规律，尤其是党的十八大以来非煤矿山生产安全事故下降的重要变化。采用面板数据模型等计量方法定量分析了中国工业化进程与非煤矿山生产安全事故之间的关系，确定了非煤矿山生产安全事故的主要影响因素。以非煤矿山生产安全事故数据和经济社会统计数据为基础，采用定量研究方法，分基准情景和深化改革情景对2020—2035年中国非煤矿山生产安全事故进行了预测。在定量分析的基础上，借鉴发达国家促进非煤矿业发展与生产安全事故"脱钩"的经验，结合供给侧结构性改革深入推进对中国非煤矿业发展的深刻影响，从监管体制、结构调整、技术革新、管理实践等方面，提出了促进中国非煤矿业发展与生产安全事故"脱钩"的精准监管建议。

关键词： 非煤矿山；发展趋势；安全生产；精准监管

Abstract: This book summarizes the law of development of non-coal mining industry since the founding of New China, and its main characteristics at different stages of industrialization, and analyzes the development trend of China's non-coal mining industry in the future period under the background of deepening the supply-side structural reform. We analysis the occurrence of non-coal mine production safety accidents in China from multiple angles of time, region, mine type, type, inducement, mining method, and enterprise scale, and the decline of non-coal mine production safety accidents since the 18th National Congress of the CPC. We conduct quantitative analysis on the relationship between China's industrialization process and non-coal mine production safety accidents, and identify main influencing factors of non-coal mine production safety accidents, by using panel data model. Based on the non-coal mine production safety accident and economic and social statistics data, a quantitative research method is used to predict the non-coal mine production safety accidents in China from 2020 to 2035 in the base scenario and the deepening reform scenario. Based on the quantitative analysis, drew on the experience of developed countries in promoting the decoupling of non-coal mining industry development and production safety accidents, and combined with the supply-side structural reforms to further promote the profound impact on the development of non-coal mining industry in China, it has put forward precise supervision suggestions to promote the "decoupling" of China's non-coal mining industry development and production safety accidents, from the perspectives of administrative system reform, structural change, technological innovation and management practice.

Key words: Non-coal mines; Development trend; Safety production; Precise supervision

目　录

一　中国工业发展规律及趋势分析 …………………（1）
　　（一）中国工业化进程总体趋势分析 …………（2）
　　（二）中国工业化进程阶段划分 ………………（11）
　　（三）供给侧结构性改革背景下的中国工业化
　　　　　发展趋势 …………………………………（29）

二　中国非煤矿业发展规律及其趋势
　　研判 ………………………………………………（39）
　　（一）中国非煤矿业总体发展情况 ……………（40）
　　（二）中国工业化进程各阶段非煤矿业发展
　　　　　特点 ………………………………………（54）
　　（三）经济结构调整背景下中国非煤矿业发展
　　　　　趋势判断 …………………………………（67）

三　中国非煤矿山生产安全事故发生规律
　　及影响因素分析 …………………………………（70）
　　（一）中国非煤矿山生产安全事故发生
　　　　　规律 ………………………………………（70）

（二）中国工业化进程与非煤矿山生产安全
事故关系 ………………………………（105）
（三）中国非煤矿山生产安全事故影响因素
分析 ……………………………………（107）

四 发达国家非煤矿业发展与生产安全
事故"脱钩"的机制分析 ………………………（111）
（一）发达国家非煤矿业发展与生产安全事故
"脱钩"的特征事实 ……………………（112）
（二）发达国家非煤矿业发展与生产安全事故
"脱钩"的形成机制 ……………………（119）
（三）发达国家非煤矿业发展与生产安全事故
"脱钩"机制选择的启示 ………………（132）

五 中国非煤矿山生产安全事故预测 …………（136）
（一）非煤矿山行业供给侧结构性改革的方向
与目标 …………………………………（137）
（二）非煤矿山供给侧结构性改革影响安全
生产形势的主要依据 …………………（139）
（三）非煤矿山行业供给侧结构性改革对安全
生产的影响成效 ………………………（143）
（四）供给侧结构性改革下非煤矿山生产安全
事故发展趋势评价 ……………………（144）
（五）供给侧结构性改革下中国非煤矿山生产
安全事故预测 …………………………（157）

六 促进中国非煤矿业发展与生产安全事故"脱钩"的精准监管建议 …………(166)
 (一) 中国非煤矿山安全生产形势分析 ……(167)
 (二) 供给侧结构性改革深入推进对中国非煤矿业发展的影响 ………………(169)
 (三) 中国非煤矿山安全生产监管体制创新 ……………………………………(170)
 (四) 中国非煤矿山结构调整的具体路径 ……………………………………(182)
 (五) 中国非煤矿山技术革新的重点领域与方向 ……………………………(183)
 (六) 中国非煤矿山生产安全事故的管理实践 ………………………………(184)

参考文献 ……………………………………(188)

一 中国工业发展规律及趋势分析

工业化是一个国家走向经济现代化的起点，也是后发国家摆脱贫困落后、实现赶超的必由之路。1949年以来的70年，是中国工业化道路不断探索与工业化水平持续发展的70年，中国从一个贫穷落后的半殖民地半封建农业国家发展为世界第二大经济体。70年工业化进程，中国经历了改革开放前的经济波动增长时期以及改革开放后制度红利带来的40年高速及中高速经济稳定增长时期。截至2017年，中国国内生产总值（GDP）由1952年的679.1亿元增长到827121.7亿元，成为世界第二大经济体；人均国内生产总值（人均GDP）由1952年的119元增长到59660元、8836美元，进入中高收入国家行列（如图1-1）。[①] 中国"增长奇迹"的背后是"中国模式"和"中国道路"的支

---

① 该统计值为人民币现价及美元现价数值。如不做特殊说明，本章统计数据均采用此数值计价。

撑，是中国特色工业化的不断探索与发展。纵观新中国70年历程，以1978年十一届三中全会提出实行改革开放战略为节点，中国的工业化进程可以分为两大阶段，一是传统计划经济体制下的工业化道路时期，该阶段奠定了中国的工业基础，形成了比较全面的工业体系；二是改革开放以后的中国特色的工业化道路时期，该阶段实现了中国经济社会从农业大国向工业大国的转变（陈佳贵、黄群慧，2005）。

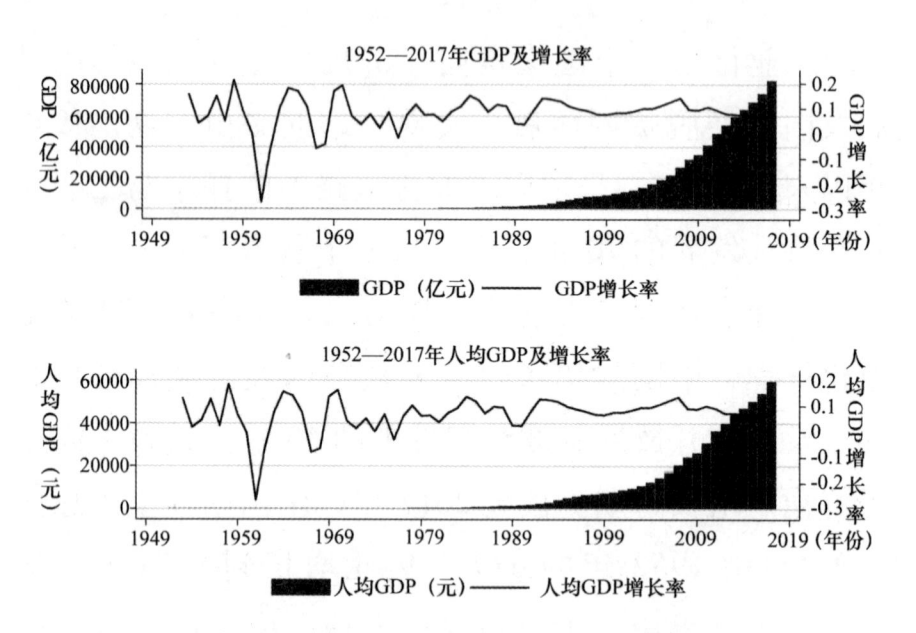

图1-1 1952—2017年中国GDP、人均GDP统计

数据来源：据历年《中国统计年鉴》整理而得。

（一）中国工业化进程总体趋势分析

工业化不是经济规模与经济增速提升的单一概念，

而是涵盖就业结构、产业结构、城市化、收入水平、投资效率等相关概念的经济、社会综合发展过程。经典工业化理论认为工业化是一国（或地区）随着工业发展，人均收入和经济结构发生连续变化的过程，人均收入的增长和经济结构的转换是工业化推进的主要标志（陈佳贵等，2006）。具体而言，工业化主要特征为：(1) 创新带来生产方式的变化与技术进步；(2) 随着生产方式的变化，社会分工不断专业化、精细化，生产社会化；(3) 生产方式进步与社会分工的细化影响产业间结构变化，工业生产代替农业生产，制造业在国民经济中占比不断上升，逐步占据主导地位；(4) 技术进步与新技术的应用带来制造业内部产业结构的逐步升级和技术含量的提升；(5) 随着制造业占比的上升与工业对农业的替代，国家就业结构发生转变，农业人口下降，并向生产品制造部门及消费品制造部门转移；(6) 就业结构的变动体现在农业人口流向工业发展的主要载体——城市，城镇规模不断扩大，城镇化率快速提升；(7) 国民经济总量在工业化进程推动下不断增加，人民收入水平不断提升，生活水平不断改善。中国的工业化总体上符合经典工业化理论的具体特征，同时伴有中国工业化探索的自身特色。

1. 工业增加值变动

工业化首先是工业发展的过程，工业的崛起与发展推动整个社会经济结构、产业结构、就业结构的变动。工业发展是物质生产力与财富积累的根本动力，如图1-2所示，中国工业经历了新中国成立初期的快速积累阶段和剧烈波动阶段，在1978年后逐步进入稳定增长阶段，并经历了20世纪90年代及21世纪初的两波高速增长阶段，伴随经济进入新常态，增速逐步回稳，工业发展从数量增长向质量提升转型。截至2017年，中国工业增加值由1952年的119.6亿元增加到279996.9亿元，增幅显著。工业增加值占GDP的比重也经历了先上升后下降的U型发展轨迹，其中在1960年前后、1978年前后、1992年前后以及2006年前后四次达到峰值。1960年峰值有"156项工程"的确立与实施的原因，更多则是源于1958年开始的"大跃进"，这也直接导致了该次峰值之后的20世纪60年代初工业增速及工业占比的断崖式下跌。1971年9月，"四三方案"的实施与推进是新中国继"156项工程"之后又一次较大规模的国外先进技术引进工程，也直接带动了20世纪70年代中国工业水平的发展与生产技术的进步，从而形成第二次增长峰值。第三次工业增长峰值得益于改革开放释放出的经济活力，20世纪80年代轻工业崛起与民营企业的持续发展同90年代工业经济体制改革及重化工业快速发展相结合，促进了中国工业化的又一次飞跃。21世纪初的新型工业化道路建设形成了第四次工业化峰值。转型时期的中国,随着产业结构的升级,工业化发展推动生产资料由第二产业向第三产业集聚,高质量发展与高科技制造业成为时代主题,工业增速有所回落,现阶段维持在6%左右,工业增加值占GDP比重的三分之一。

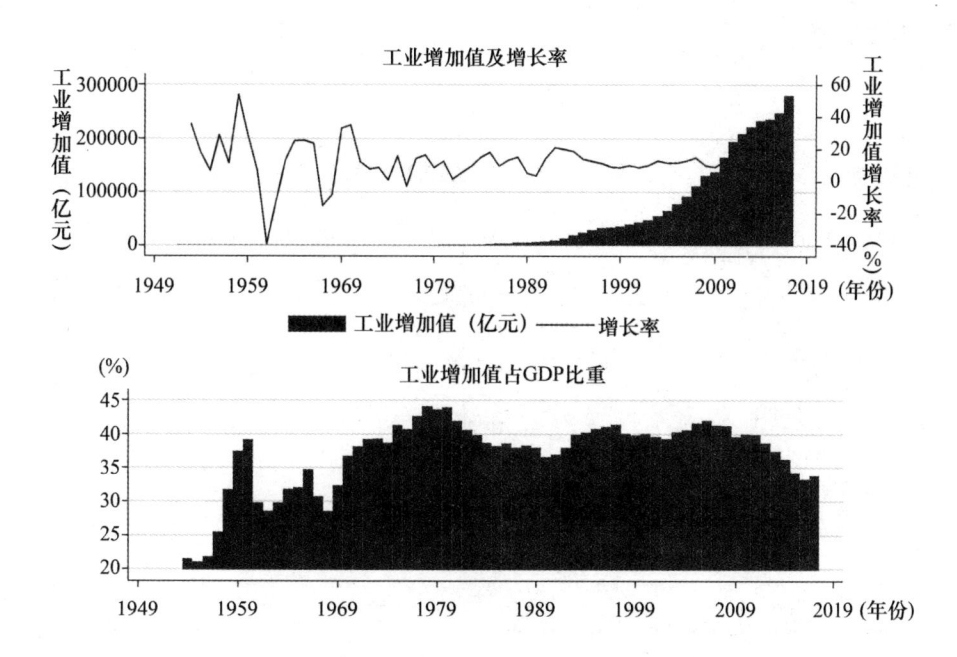

图1-2 1952—2017年中国工业增加值相关统计

注:工业增加值增长率以上年为100%计算。

数据来源:据历年《中国统计年鉴》整理而得。

2. 产业结构变动

工业化进程推动各产业间结构的演化与升级,如图1-3所示,1952年,中国三次产业构成分别为50.5%、20.8%和28.7%,农业生产占据国民生产绝对主导地位,工业体系受到战争破坏,工业占比仅为

20.8%。在70年工业化进程中，中国第一产业占比总体呈现不断下降趋势，第三产业占比逐年上升，第二产业占比呈倒U型趋势，截至2017年，中国三次产业构成分别为7.9%、40.5%和51.6%，"三二一"格局基本形成，第三产业成为国民经济主体，产业贡献率达58.8%。

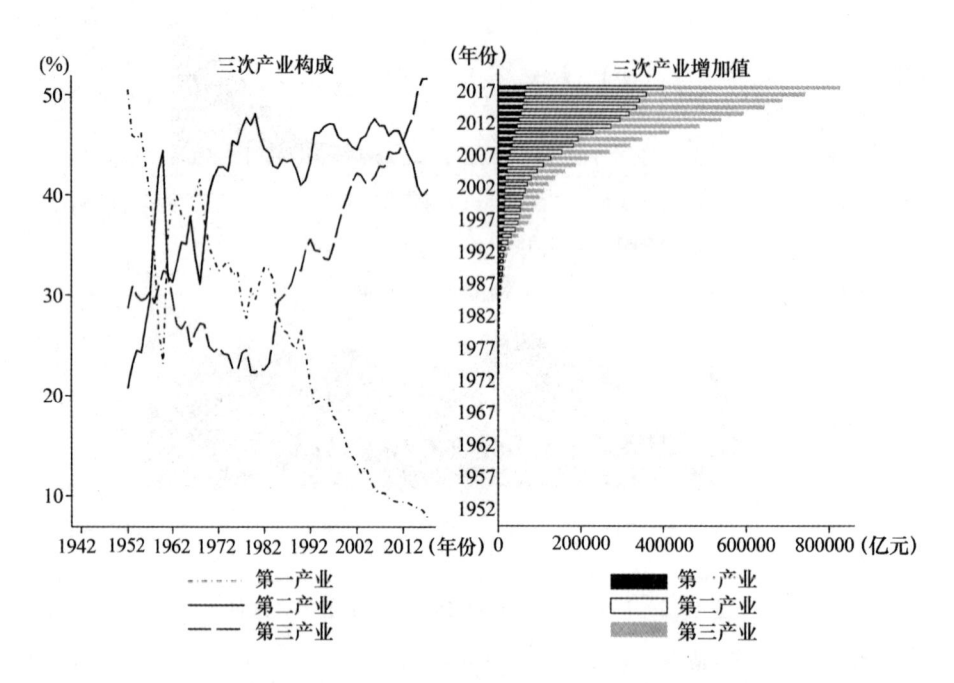

图1-3 1952—2017年中国三次产业构成变动

数据来源：据历年《中国统计年鉴》整理而得。

造成三次产业结构发生变化的是三次产业增加值增长率的差异，如图1-4所示，1978年经济进入稳定增长区间后，第一产业增速始终保持在较低且相对平稳的水平，除个别年份，增速维持在2%—5%区间波动。第二产业增速在绝大多数年份领先于 GDP 增速，并在 20 世纪 90 年代及 21 世纪前 10 年实现了两次增长峰值。第一次峰值得益于轻工业发展期与民营企业发展期的双期叠加推动下的增速的快速提升，尤其 1992 年社会主义市场经济体制的确立，极大地激发了民营工业企业的发展，1992—1995 年，第二产业年均增速达 19.6%，第二次峰值得益于重化工业的再次发力与新型工业化的推进。2012 年后经济进入新常态，供给侧结构性调整使得第二产业增速减缓，第三产业发展提速，取代第二产业成为增速最快的生产部门，这与第三产业占比超过第二产业的时间相吻合。

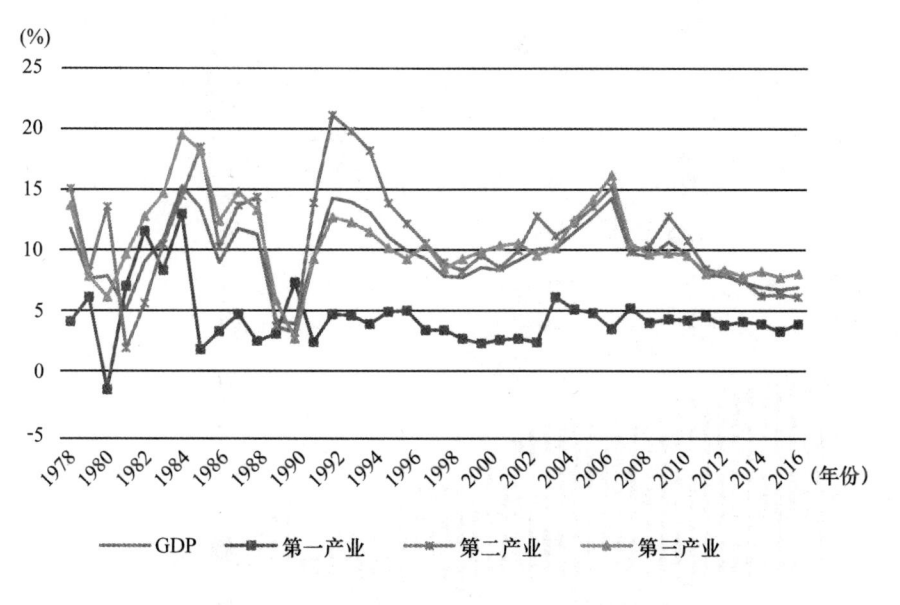

图 1-4 1978—2017 年三次产业增加值指数

数据来源：据历年《中国统计年鉴》整理而得。

从产业结构内部看,中国的工业化是基于重工业引领的工业化道路,但重工业性质却随着经济体制改革而发生了深刻变革。如图1-5所示,除部分年份,重工业总产值在工业总产值中的比重均高于轻工业总产值,而从国有控股工业总产值占比的变化可以看出,改革开放前的重工业占比高,源于计划经济体制下重工业优先发展的思路,以国有企业为主体的重工业建设成为新中国成立初期工业体系建设及工业生产能力提升的主导力量。改革开放后,经济体制改革与国有企业改革并进,国有工业企业工业总产值在工业总产值中所占比重持续下降,从而使得:(1)以民营

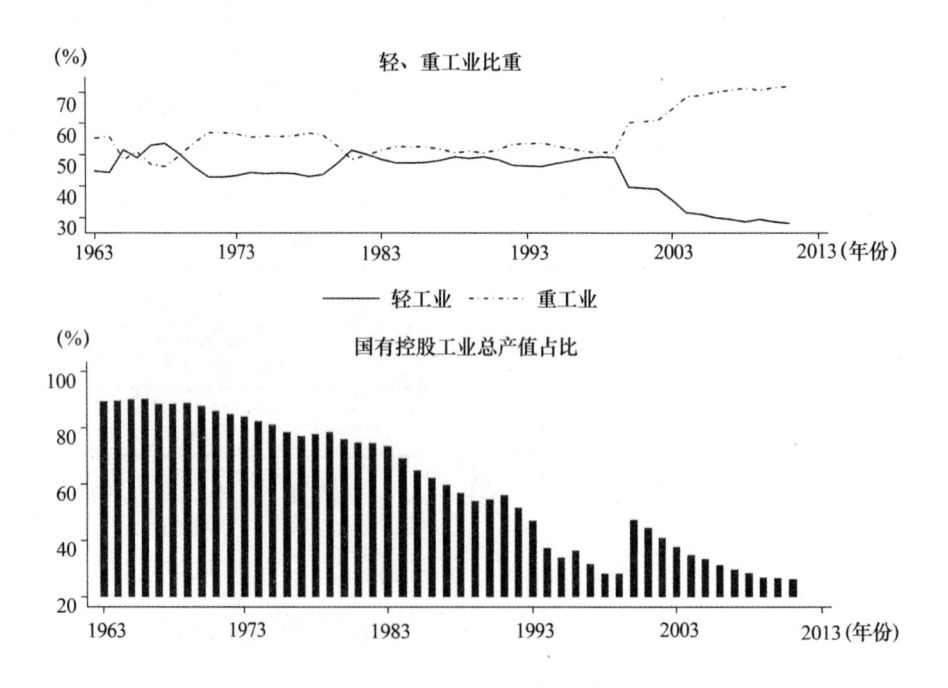

图1-5 1963—2011年不同类型工业总产值占比

数据来源:据历年《中国工业统计年鉴》整理而得。

企业为主体的轻工业迅速发展，轻工业总产值占比由1978年的43.1%逐步上升到1982年的50.2%，并长期维持在50%左右，直至1999年；（2）国有控股工业产值持续走低，1978年其占比仍有77.6%，而到2011年仅为26.2%。以上两个事实也反映出始于2000年的重工业总产值占比的迅速上升与计划经济时代下的重工业主导型经济有所不同，此次发展在于：（1）重化工业再次成为国家发展的主攻方向，国家通过政策引导，依靠市场力量发展重工业；（2）重工业产品技术含量明显提升，进而带动重工业产品价值的快速提升，这也是此次重工业总产值占比上升的关键因素。

3. 就业结构变动

产业结构的变动带动了就业结构变化及人口的城乡间转移，如图1-6所示，除去"大跃进"时期的"大炼钢"运动使得就业结构有所波动外，整体而言，第一产业就业比重呈持续下降趋势，由1952年的83.54%下降到2017年的26.98%，而二三产业就业比重却持续上升，1994年第三产业就业比重首次超过第二产业，并保持较快增速，2017年，第二产业就业比重为28.11%，而第三产业就业比重已达44.92%。就业结构的变动带来了城乡人口的流动和人口城镇化率的提升，随着工业化的推进，更多的人口进入城镇，城镇人口数由1949年的5965万人上升到2017年的81347万人，城镇人口比重也由10.63%上升到58.52%。工业化对提升中国人口的整体生活、就业水平的作用十分明显，但仍然存在诸多问题。首先，2017年，中国第一产业就业比重仍有26.98%，而第三产业就业比重也仅为44.92%，两项数据均与发达国家存在明显差距。其次，中国农业人口基数依然庞大，2016年中国农业人口数为6.74亿人。第三，中国工业化进程中不可避免的二元经济造成了大量的流动人口，《中国流动人口发展报告2017》估算，2017年中国流

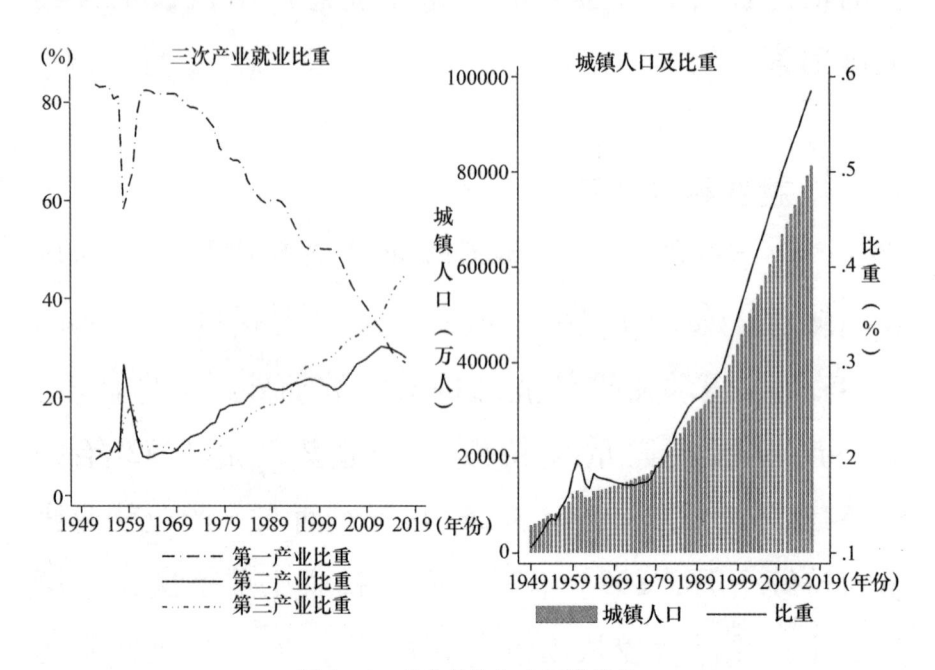

图1-6 就业结构与人口城镇化

数据来源：据历年《中国统计年鉴》《中国人口统计年鉴》《中国人口和就业统计年鉴》整理而得。

动人口数约为2.45亿人,这些人在服务工业化的过程中却难以享有公平的权利。

(二) 中国工业化进程阶段划分

如前所述,中国工业化历程总体上可分为两个阶段:1949—1978年,计划经济体制下的工业化,以及1979至今,改革开放释放的制度红利实现了中国工业化的质的飞跃。前30年为中国工业化积累宝贵经验与物质财富,后40年是中国兑现制度财富,释放增长动力,是中国工业化道路的实践与有力印证,前30年探索是后40年发展的重要基础,后40年快速增长是前30年积累的有效延续。

在此基础上,依据现代工业化理论的内涵,以经济体量、三次产业结构、工业结构、就业结构、城镇化率等指标,结合中国工业化进程中的重要历史事件及时间节点,将中国工业化进程细分为以下8个阶段:(1) 1949—1952年,国民经济恢复阶段;(2) 1953—1957年,工业化起步阶段;(3) 1958—1965年,工业化自主探索阶段;(4) 1966—1978年,工业化曲折发展阶段;(5) 1979—1991年,市场化改革初期阶段;(6) 1992—2002年,市场化改革全面展开阶段;(7) 2003—2011年,新型工业化发展推进阶段;

(8) 2012年至今，经济转型调整阶段。

1. 国民经济恢复阶段（1949—1952）

新中国成立伊始，百废待兴，历经百年帝国主义列强压迫的中国工业体系遭到严重破坏。1949年，中国工业总产值为140亿元，仅占社会总产值（557亿元）的25.13%，其中重工业总产值仅为37亿元，占工业总产值的26.43%，工业部门不完整，工业生产能力低下。80%以上的人口从事农业生产，人均粮食产量却只有418公斤，完全无法满足人民需求，农业生产效率低下。中国工业化即是在如此艰难的条件下起步，如何实现工业化，开展社会主义经济建设成为新中国成立初期亟待解决的问题。

传统工业化发展理论认为，工业化起步于轻工业，当工业化水平发展到一定程度，重工业逐步取代轻工业，成为工业生产主体。但发展轻工业又必须具备良好的市场环境，新中国面临欧美等西方国家的经济封锁，没有合适的国际市场环境与技术来源，发展轻工业所需的制度环境、资金、技术等资源匮乏。而此时，苏联愿意提供贷款和大批成套设备，中国在内外双重因素下选择优先发展重工业。1948—1952年正是中国为发展重工业而开展的国民经济恢复阶段。重点措施有：（1）恢复及新建交通基础设施。战时被破坏的铁路被重新修葺，1950年，全国铁路通车里程已达2万多公里，保障了全国运输的畅通。（2）恢复钢铁、煤炭等主要能源的生产及供应。重点恢复华北、东北地区钢铁、煤炭厂矿的生产，1950年，全国能源生产能力已经达到战前水平，东北、华北、华中和华东地区的厂矿得以恢复生产。（3）合理调整工商业。对旧的落后的经济结构进行调整和改造，调整工商业的实质是调整公私经济关系，以巩固国营经济的领导地位为前提，公私兼顾，促使私营经济发挥作用。

2. 工业化起步阶段（1953—1957）

经过三年恢复期，国民经济得到有效恢复，1953年，新中国开始制定和实施以工业建设为重点的第一个五年计划，"一五计划"标志着新中国工业化的正式开端，以苏联援建中国的156个项目企业"156项目"为核心，以900多个限额以上项目为重点，"一五"时期的工业化积累为中国初步形成独立自主的工业体系奠定了基础。但"一五"时期开始的以重工业为中心的工业化具有两个客观条件。第一，虽然经过三年恢复，但中国的工业化仍然是在经济水平落后、工业生产能力严重不足的基础上艰难起步。如表1-1所示，1953年中国GDP为824.4亿元，人均GDP仅有142元，工业总产值450亿元，工业增加值163.2

亿元,而其中第一产业生产占据主体地位,第一产业占 GDP 比重为 45.9%,第一产业就业占比高达 83.1%。相较而言,第二产业产值 191.6 亿元,占 GDP 比重为 23.2%,其中工业增加值为 163.2 亿元,占 GDP 比重仅为 19.8%,中国依然处于前工业化发展阶段。第二,基于国内外客观环境,"156 项目"集中于重工业,为经济过于"偏重"埋下隐患。如表 1-1 所示,1953—1957 年间,重工业占比不断提升,而轻工业占比持续下降,五年间,重工业产值平均增速达 25.86%,明显高于轻工业产值平均增速(13.28%),在肯定重工业快速发展的同时,也应注意到轻工业发展已受到一定抑制。

表 1-1 1953—1957 年中国工业化相关指标统计

指标	1953	1954	1955	1956	1957
GDP（亿元）	824.4	859.8	911.6	1030.7	1071.4
GDP 指数（%）	15.6	4.3	6.9	15	5.1
第一产业增加值（亿元）	378	392	421	443.9	430
第二产业增加值（亿元）	191.6	210.8	221.5	280.4	316.6
第三产业增加值（亿元）	254.8	257	269.1	306.4	324.8
第一产业占比（%）	45.9	45.6	46.2	43.1	40.1
第二产业占比（%）	23.2	24.5	24.3	27.2	29.6
第三产业占比（%）	30.9	29.9	29.5	29.7	30.3
工业增加值（亿元）	163.2	184.5	191.2	225.2	271.6
人均 GDP（元）	142	144	150	166	168
人均 GDP 指数（%）	13.1	1.8	4.6	12.7	2.4

续表

指标	1953	1954	1955	1956	1957
工业总产值合计（亿元）	450	515	534	642	704
工业总产值指数（%）	28.9	14.4	3.7	20.2	9.7
轻工业产值（亿元）	282	317	316	370	387
轻工业产值指数（%）	26.7	14.3	0	19.7	5.7
轻工业产值占比（%）	62.7	61.6	59.2	57.6	55
重工业产值（亿元）	168	198	218	272	317
重工业产值指数（%）	36.9	19.8	14.5	39.7	18.4
重工业产值占比（%）	37.3	38.4	40.8	42.4	45
第一产业就业人员（万人）	17747	18151	18592	18544	19309
第二产业就业人员（万人）	1715	1882	1913	2468	2142
第三产业就业人员（万人）	1902	1799	1823	2006	2320
第一产业就业比重（%）	83.1	83.1	83.3	80.6	81.2
第二产业就业比重（%）	8.0	8.6	8.6	10.7	9.0
第三产业就业比重（%）	8.9	8.2	8.2	8.7	9.8
城镇人口（万人）	7826	8249	8285	9185	9949
城镇人口比重（%）	13.3	13.7	13.5	14.6	15.4

注：指数（增长率）均以上年=100计算。

数据来源：据历年《中国统计年鉴》《中国工业经济统计年鉴》《中国人口统计年鉴》《中国人口和就业统计年鉴》整理而得。

当然，作为中国工业化起步的关键阶段，"一五"时期的工业化建设为中国工业化进程打下了坚实基础，"156项目"中实际施工的150个项目中，军事企业44个，能源企业52个，机械加工企业24个，冶金企业20个，化工企业7个，轻工业和医药工业3个。这些项目的实施在中国初步建立起了工业化建设急需的各类现代基础工业，工业生产力得到恢复，工业生产速度加快，项目布局多集中于东北、华北内陆地区、中南、西北地区，使得中国工业布局更加合理。五年间经济在波动中增长，1957年GDP达1071.4亿元，较1953年增长30%，人均GDP达168元，增长18.3%。工业发展明显提速，工业增加值5年增加66.4%，带动第二产业占比提升6.1个百分点，第二产业就业比重提升1个百分点，城镇人口提升2.1个百分点，其中重工业产值5年增长88.7%，成为拉动经济增长的重要力量。"一五"计划的全面完成，为中国后续工业化开展打下了良好开端。

3. 工业化自主探索阶段（1958—1965）

面对"一五"期间取得的突破，中央政府开始考虑如何改善和加快社会主义工业化建设，却低估了新中国经济建设面临的实际困难，两次"大跃进"高潮给国民经济造成了一定影响。首先，GDP增速下降，1960—1962年经济增速分别为0、-27.3%和-5.6%，人均GDP三年增速分别为-0.2%、-26.5%和-6.3%。其次，第二产业比重上升和第一产业比重下降，产业结构带动就业结构同步变动，如图1-7所示，1958—1960年，大量第一产业的劳动力转入第二产业生产，造成第二产业就业占比迅速上升而第一产业就业占比随之下降。

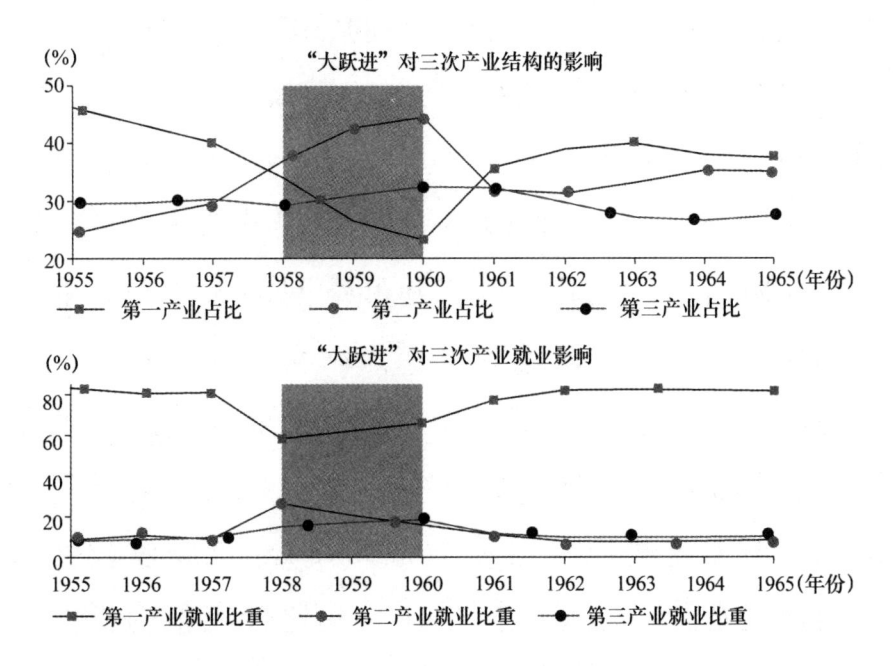

图1-7 "大跃进"对三次产业结构及就业结构产生的影响

数据来源：据历年《中国统计年鉴》《中国人口和就业统计年鉴》整理而得。

空前的建设热潮使得许多项目落地实施，工业生产能力得到补充。同1957年相比，1960年炼钢、炼铁、铁矿开采、煤炭开采、石油开采的新增生产力分别增长了4.45倍、3.95倍、1.32倍、2.13倍和3.82倍，为后期工业建设提供了生产基础。改善了内陆地区和农村地区工业化水平，与1957年相比，1960年内地工业产值的比重上升了2.6%，沿海地区则下降了2.6%，社办工业企业11.7万个，占当时全部工业项目的46.1%。以钢铁为中心的主要工业产品的产量迅速增长，1960年煤、油、钢、发电量、汽车等主要工业产品产量分别是 1957 年的 303.1%、356.2%、348.8%、307.8%、286.1%（王海波、董志凯，1995）。

1964 年下半年到 1965 年，三线建设拉开序幕，我国在西南、西北新建、扩建和续建的大中型企业达到 300 多个，从一线迁入工厂大约有 400 多个。在西南地区规划了常规兵器工业、航空工业和造船工业基地，在西北规划了航天、航空、常规兵器、电子和光学仪器等工业基地（薄一波，2008）。三线建设使得内陆地区在较短时间内初步建立起比较完整的工业生产体系。

4. 工业化曲折发展阶段（1966—1978）

"文化大革命"对工业生产产生影响。如表 1-2 所示，工业总产值及轻、重工业产值增速较前期均出现下滑，其中，1967 年和 1968 年，工业产值均出现负增长。而与此同时，1972 年和 1975 年的两次工业整顿对中国工业化进程产生了一定的积极影响，1966—1978 年，中国 GDP 由 1888.7 亿元增长到 3678.7 亿元，年均增长 6.5%，人均 GDP 由 257 元增长到 385 元，年均增长 4.15%，增速均快于前一阶段（5.81% 和 4.06%）。

表1-2　　　　　　　三阶段经济指数对比　　　　　　（单位:%）

指标	1953—1957	1958—1965	1966—1978
GDP 指数	9.38	5.81	6.50
工业增加值指数		12.76	10.88
人均 GDP 指数	6.92	4.06	4.15
工业总产值指数	15.39	17.47	11.28
轻工业产值指数	13.28	20.27	8.94
重工业产值指数	25.86	17.72	13.51

数据来源：据历年《中国统计年鉴》《中国工业统计年鉴》整理而得。

这一时期，国有经济始终是国民经济的主要组成部分。如图1-8所示，1975年及之前，国有控股经济工业总产值占全社会工业总产值比重始终高于80%，1978年略降到77.63%，但仍然占比过高。而国有经济主要集中于重工业领域，1970—1978年改革开放期间，重工业产值比重维持在55%以上，而轻工业产值比重从1968年的53.7%下降到1978年的43.1%。

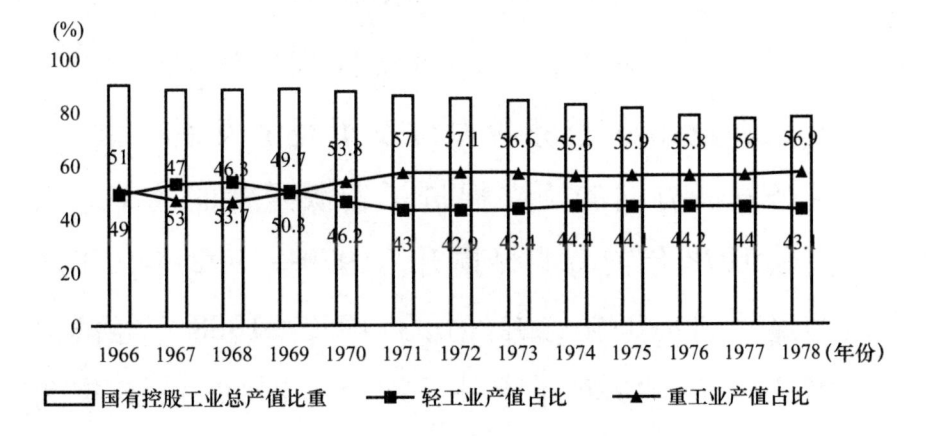

图1-8　1966—1978年工业内部结构变动趋势

数据来源：据历年《中国工业统计年鉴》整理而得。

5. 市场化改革初期阶段（1979—1991）

1978年改革开放标志着中国由传统的计划经济向市场经济转变，这种体制的转变，在工业化发展道路上虽然没有改变工业化的外延型特点，但是它导致了国营、私营和个体、乡镇、外资企业的大发展；农业、轻工业、重工业和第三产业并驾齐驱，形成劳动密集型、资本密集型和技术密集型等产业共同发展的状况。这为改变这种外延型发展创造了两个重要条件，一是巨大的经济总量，二是买方市场的建立。这个时期的最大特点就是最终消除了新中国成立以来一直困扰中国经济发展的"短缺"和"卖方市场"约束，确立了社会主义市场经济的基本框架，为以后走中国新型工业化道路创造了必要的条件。

在党中央"调整、改革、整顿、提高"的八字方针的指导下，国家工作重心再次回到经济建设上来，改革开放释放出的经济活力激发了经济发展的潜力，市场经济发展方向的确立促进了资源配置的效率，经济增速较1978年前有明显提升。1979—1992年，年均经济增速达到9.08%，并经历了1983—1988年经济两位数增速时期（1986年除外，增速为8.9%），6年间经济平均增速达11.87%。人均GDP由1979年的423元增长到1991年的1912元。经济结构严重失衡的状态明显改善，第一产业年均增长率为5.34%，第二产业年均增长率为10.09%，第三产业年均增长率为11.25%。1985年，第三产业占比首次超过第一产业，中国三次产业结构由"二一三"结构进入"二三一"模式。就业结构也随之发生深刻变化，第一产业就业占比持续下降，第二、第三产业就业占比持续上升，一二三产业就业占比由1979年的69.8%、17.6%、12.6%变为1991年的59.7%、21.4%、18.9%。工业经济增长迅猛，工业增加值由1979年的1786.5亿元增加到1991年的8138.2亿元。轻、重工业比例趋于协调，重工业增长速度明显放缓，轻工业发展提速，轻、重工业之比由1979年的43.7∶56.3变为1991年的48.4∶51.6，改革开放前片面发展重工业和忽视轻工业生产的局面得到扭转，中国的工业化进程表现出由重工业化向高加工度化演进的明显趋势。经济主体更加多元化，国有控股经济工业总产值所占比重由1979年的78.5%快速下降到1991年的56.2%，下降幅度超过20个百分点。个体经济和集体经济发展得到鼓励，集体经济工业总产值所占比重由1980年的23.54%上升到1991年的33.0%。而个体经济和其他经济实现飞跃发展，1980年个体经济及其他经济工业总产值所占比重分别仅有0.02%和0.47%，到1991年这一比重已经提升到4.83%和6.01%。改革开放前国有工业的贡献率达 79.6%，集体工业的贡献率为 19.6%，个体工业和其他类型工业自 1957 年以后发展十分受限，国有工业支撑着整个工业增长以至国民经济增长。而随着公、私占比的变动，非国有工业的增长速度越来越明显地决定着整个工业的增速，工业增长格局的变化导致了工业所有制结构的变动。

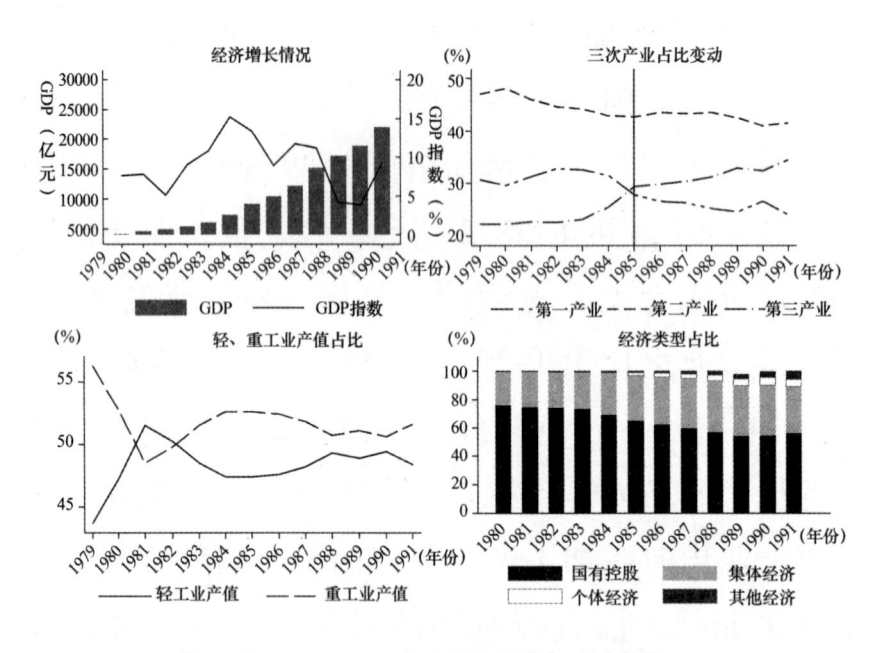

图 1-9 1979—1991 年主要经济指标变动情况

数据来源：据历年《中国统计年鉴》《中国工业经济统计年鉴》《中国人口统计年鉴》《中国人口和就业统计年鉴》整理而得。

6. 市场化改革全面展开阶段（1992—2002）

1992 年邓小平南方谈话开启了中国市场化改革全面发展的新篇章，经过改革开放初期的探索与发展阶段，中国经济社会的发展呈现出许多新的特点。一是以社会主义公有制为主体，多种所有制共同发展的格局已经基本形成。如表 1-3 所示，工业总产值中国有控股经济占比持续下降，由 1992 年的 51.52% 下降到 1999 年的 28.21%，与此同时，个体经济及其他经济占比在快速上升，分别由 1992 年的 5.8% 和 7.61% 上升到 1999 年的 18.18% 和 26.14%。二是工业基本建设和技术改造继续取得重大进展，工业生产能力有了显著提升。工业增加值由 1992 年的 10340.5 亿元增加到 1999 年的 47776.3 亿元，年均增长率为 13.06%；工业总产值由 1992 年的 95449 亿元增加到 1999 年的 844269 亿元，年均增长率为 18.03%。三是基础产业产值增速加快，产值比重上升，大型工业企业比重继续上升。四是工业物质技术基础继续增强，工业地区布局更加合理。五是市场机制对工业化的调节作用不断增强。

表 1-3　　　　1992—1999 年工业总产值中各种经济类型所占比重变化　　　　（单位:%）

经济类型	1992	1993	1994	1995	1996	1997	1998	1999
国有控股	51.52	46.95	37.34	33.97	36.32	31.62	28.24	28.21
集体经济	35.07	34.02	37.72	36.59	39.39	38.11	38.41	35.37
个体经济	5.8	7.98	10.09	12.86	15.48	17.92	17.11	18.18
其他经济	7.61	11.05	14.85	16.58	16.65	18.45	22.91	26.14

注：由于 2000 年数据口径发生变化，不具可比性，故本表仅比较 1992—1999 年数据。

数据来源：据《中国工业经济统计年鉴》整理而得。

这一时期突出的特点是消费结构的明显升级并由此推动产业结构向高度化演进。工业化带来物质产品的丰富与居民收入水平的提升。20世纪90年代，中国城乡居民家庭恩格尔系数持续走低，消费呈现升级趋势，拉动电子信息产业增长，1992年，中国电子信息产业增加值260.39亿元，2002年增加到2714.85亿元，占GDP比重由0.96%增加到2.23%。其次，重化工业增速明显加快。1999年开始，工业增长明显转向以重工业为主导的格局，重工业增长速度全面超过轻工业，2000年，重工业产值占工业总产值比重超过60%，并呈上升趋势。此次重工业化与改革开放前的重工业进程有着质的区别，不是计划体制对经济运行干扰所致，而是中国工业化发展到一定阶段后符合工业化演变规律的自然趋势。这一轮的重化工业快速发展是在房地产以及汽车等消费结构的升级推动下发生的。与重工业发展相配套的是包括能源、交通和通信设施在内的基础设施建设加快，从而推动第二产业快速上升。2002年中国第二产业占比达44.5%。

7. 新型工业化发展推进阶段（2003—2011）

党的十六大报告指出："坚持以信息化带动工业化，以工业化促进信息化，走出一条科技含量高、经济效益好、资源消耗低、环境污染少、人力资源优势得到充分发挥的新型工业化路子。"标志着中国工业化进程在进入21世纪后开启了新的阶段。走新型工业化道路，要大力发展信息产业和高新技术产业，推进产业结构优化升级。走新型工业化道路，要大力实施科教兴国战略和可持续发展战略。在新型工业化理念的指导下，中国在21世纪之初开启了又一段稳定的两位数增长周期，2003—2007年，中国GDP增长持续提速，五年间平均增速达到11.68%，工业增加值年均增速达到12.76%。直至2008年金融危机的爆发，受全球经济影响，中国工业化原有的外向型经济发展方式以及依靠出口、投资拉动的工业化发展模式受到巨大冲击，经济增速开始下滑。2003—2011年中国经济走出了一条增速先上升后下降的倒U型轨迹，几乎所有经济指数在金融危机之后都出现增速下滑（如图1-10），也标志着中国经济开始面临转型的压力。

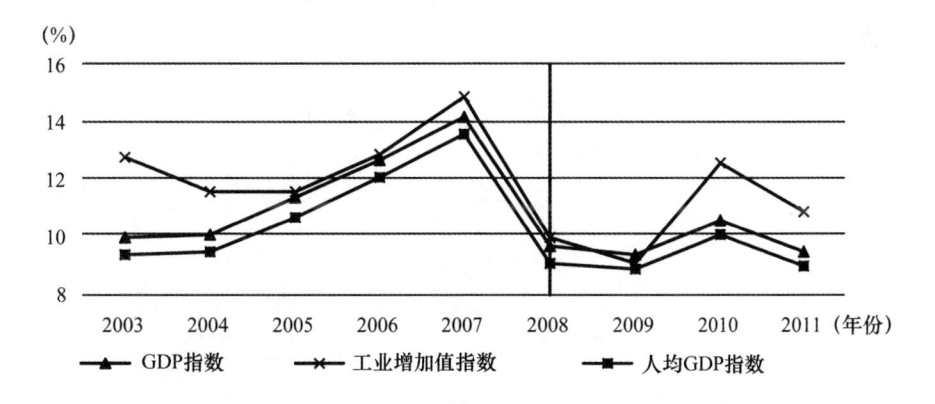

图1-10　2003—2011年中国经济主要指数变动

数据来源：据《中国统计年鉴》整理而得。

新型工业化道路,即优先发展信息产业和高新技术产业,推进产业结构优化升级;注重创新,实施科教兴国战略和可持续发展战略。如表1-4所示,2004—2011年,中国产业发展更加注重科技含量和增长质量,发展重心向第三产业倾斜。第三产业年均增长率为18.0%,高于第二产业(16.9%)和第一产业(12.1%)。从行业情况看,服务业提速明显,金融业与科学研究、技术服务和地质勘查业年均增速达24.5%和21.7%,位列前两名。在维持传统行业的基础上,国家政策向金融、教育、科技、公共事业服务等行业倾斜的趋势比较明显,新型工业化道路有序推进。经过21世纪前十年的发展,中国工业化与信息化快速融合,绿色发展理念及科技发展理念深入人心,高新技术产品和高质量竞争为中国参与新型全球化储备资源并提供支撑。经过近60年的探索,中国的工业化正在向高技术、高效率、低能耗、低污染方向发展。

表1-4　　　　2004—2011年分行业增加值变动情况　　　（单位:亿元）

行业	2004	2011	年均增长率(%)
第一产业	21412.73	47486.2	12.1
第二产业	73904.31	220412.8	16.9
第三产业	64561.29	205205	18.0
金融业	5392.975	24958.3	24.5
科学研究、技术服务和地质勘查业	1759.46	6965.8	21.7
房地产业	7174.128	26783.9	20.7

续表

行业	2004	2011	年均增长率（%）
建筑业	8694.283	31942.7	20.4
租赁和商务服务业	2627.48	9407.1	20.0
批发和零售业	12453.77	43445.2	19.5
教育	4892.56	14429.4	16.7
居民服务和其他服务业	2481.5	7280.5	16.6
公共管理和社会组织	6141.38	18006.4	16.6
工业	65210.03	188470.2	16.4
文化、体育和娱乐业	1043.22	3007.1	16.3
卫生、社会保障和社会福利业	2620.71	7495.9	16.2
水利、环境和公共设施管理业	768.57	2039.5	15.0
住宿和餐饮业	3664.828	9172.8	14.0
交通运输、仓储和邮政业	9304.393	22432.8	13.4
信息传输、计算机服务和软件业	4236.319	9780.3	12.7
农林牧渔业	21412.73	47486.2	12.1

数据来源：据《中国统计年鉴》整理、计算而得。

8. 经济转型调整阶段（2012 至今）

2008 年金融危机之后，全球经济下行压力持续，中国传统的外向型、投资拉动型及重工业型经济增长方式难以为继。2012 年中国 GDP 增速由 2011 年的 9.5% 迅速下降到 7.9%，从高速增长逐步回落至中高速增长，2015 年突破 7% 大关，达到 6.9%，2017 年经济增速为 6.9%，中国经济进入增速"换挡期"。

中国经济通常被认为是投资为主、工业为主、较多依靠外需的经济结构，除了经济增速放缓之外，近两年经济结构出现的一些新变化，也再次印证了中国经济由高速增长阶段向中高速增长阶段的转换已逐步展开，具体表现在七个方面：一是外贸出口增幅大幅回落到5%—10%的增长区间，出口对经济增长的贡献度持续减小；二是官方数据显示2012年开始消费占GDP的比重开始超过投资，虽然2013年有所反复，但2014年消费再次超过投资，且大的变动趋势已经显现；三是2013年第三产业比重首次超过第二产业；四是与经济结构调整相对应，劳动力、土地等要素投入的增长速度也在放缓，劳动力的"刘易斯拐点"已经出现；五是基础设施投资的潜力和空间明显缩小，2010年以来，基础设施投资增长明显回落，占固定资产投资比重从近10年来的接近30%下降到目前的20%左右；六是地方融资平台、房地产市场风险明显增加，人们对这些领域投资回报率的担忧，实质上是对其增长潜力的担忧；七是总体资产回报率有所下降，产能过剩问题相当突出，根据白重恩、张琼（2014）的研究，中国资本回报率2008年以后出现了重大变化，资本税后回报率由2008的15%左右快速下滑至2013年的5%左右，且呈现出持续下滑趋势。由此可见，中国经济结构调整已经拉开帷幕，结构调整"阵痛期"必然影响当前经济增长。

中国的工业化已经走过近70年历程，中国经济也进入转型发展的新时代，面对新的发展问题，深化供给侧结构性改革、提升创新能力、实现高质量的发展将是中国工业化下一阶段发展的主攻方向。

（三）供给侧结构性改革背景下的中国工业化发展趋势

2012年中国经济进入新常态，经济增速出现回落，增长区间由高速转为中高速，2018年10月规模以上工业增加值增速为5.9%，连续两个月不足6%，工业增速的回落成为经济增速下滑的主要因素。经过不断探索，中国实现了从农业社会向工业社会的转型，而本轮供给侧结构性改革正是中国在实现工业化后面临的第二次转型。国际经验表明，当一个经济体的人均收入达到11000国际元的时候，其增长率将出现较大幅度的下降，出现"增长阶段的转换"（刘世锦等，2011，2013）。2013年中国人均收入已超过11000国际元，经济增长速度"换挡"迫在眉睫。面对经济下滑，以及由于深化改革的需要，"新常态"下的工业化发展的关键是实质性推进供给侧结构性改革，逐步形成工业强国建设的有效体制机制，加快实现工业增长新旧动能转换，从企业、产业和区域三个层面再造工业发展的新生态系统（黄群慧，2016）。

1. 供给侧结构性改革与工业化

习近平总书记指出:"供给侧结构性改革,重点是解放和发展生产力,用改革的办法推进结构调整,减少无效和低端供给,扩大有效和中高端供给,增强供给结构对需求结构的适应性和灵活性,提高全要素生产率。"过去几十年,中国工业化建立在低成本要素驱动的基础上,工业化初期二元经济的存在为工业化提供了人口红利,人口红利带来中国劳动密集型产业的快速增长,劳动密集型过去后可以依靠资本密集型,然后才是技术密集型。而金融危机后,中国面临着全世界范围内资本密集型产业过剩的局面,包括汽车、造船、钢材等,这意味着劳动密集过去之后,资本密集留给中国的空间不大。那么在人口红利消失后,中国能否及时从过去人口红利推动成功过渡到创新红利和人力资本红利推动上去?四十年的改革开放及工业化历程给予了肯定回答,新时期下需要进一步地对内改革和对外开放,将改革红利和体制红利释放,使得技术要素和人力资本要素得以集聚和发挥。

改革开放以来的40年,在经济远离经济稳态的时候,资本相对匮乏,而劳动力和自然资源相对充裕,此时通过产业政策和区域竞争政策,可以大量发展劳动密集型产业,区域经济也得到了很大的发展;随着经济向稳态逼近，中国集聚了大量的资本存量，持续的产能过剩局面决定了投资持续高速增长的潜力下降，加之人口红利在消失，经济增长潜力在下降，经济增速面临换挡调整期。从供给视角来看，中国生产要素的比较优势已经发生了重大变化，资本相对充裕，而劳动力和自然资源的约束日益明显，高新技术和新经济尚在发展中，未来一段时间要素供给瓶颈成为影响经济增长的关键因素。现阶段党中央提出供给侧改革，就是希望从生产要素入手，改变要素效率不断下降的局面，化解产能过剩和进行产业区域规划，重新进行要素配置。基于供给侧的改革实施的一系列措施，将在要素供给上取得突破，从而为新时期的工业化提供新的增长动能。

2. 中国现阶段工业化阶段判断及供给侧改革必要性

进入2015年，中国整体经济发展面临着"四降一升"——经济增速下降、工业品价格下降、实体企业盈利下降、财政收入下降和经济风险发生的概率上升——的突出问题，这也是中国工业化现阶段的主要表现。经典工业化阶段理论指出，工业化各阶段的发展目标不同，若分析供给侧结构性改革背景下的中国工业化发展趋势，首先需要分析中国工业化所处的发展阶段。

目前，对中国工业化所处阶段的判断，存在分歧。

有人认为，中国整体上仍处于工业化中期，有人认为中国已进入工业化后期，个别学者认为中国已进入后工业时代。如前文所述，中国的工业化并不简单归结为工业的发展或是经济增长，而是在经济增长基础上的整个经济结构和社会结构的转变过程。因此，本研究总结已有研究的指标体系，构建了评判工业化阶段的四类指标：一是经济发展水平，以人均GDP衡量，二是经济结构指标，包括三次产业结构及三次产业就业结构，三是工业内部结构变动，包括工业增加值、制造业增加值占GDP的比重或商品总增加值的比重，四是城市化水平指标，用人口城镇化率衡量。具体划分标准如表1-5所示。

由表1-5可知，2017年中国人均GDP达到8179.8美元（2005年美元不变价），按阶段划分标准，已经达到工业化末期阶段的标准，但还未进入后工业化阶段。三次产业占比与之类似，2017年，中国三产占比为7.9:40.5:51.6，第一产业占比小于10%，第三产业占比最高，达51.6%，第二产业占比达40.5。从三次产业就业结构看，中国依然未能进入后工业化阶段，仍然处于工业化末期阶段，且第一产业就业占比27.0%，距离10%的阶段标准还有较大差距。而从工业增加值、制造业增加值占GDP的比重，以及城镇化率指标看，中国仍然处于工业化中期阶段。

表1-5 工业化阶段划分标准

基本指标		前工业化	工业化阶段			后工业化阶段	2017年中国
			工业化初期	工业化中期	工业化末期		
人均GDP（元）	2005年不变价	745—1490	1490—2980	2980—5960	5960≥11170	11170	8179.8
三次产业结构（%）	第一产业（A）	>I, >40	<I, 40—20	<I, <20	<10	<10	7.9
	第二产业（I）	<A, <20	>A, 20—30	30—40	40—50	<S, <40	40.5
	第三产业（S）	<35	>I, 35—40	<I, 40—50	>I, >50	>I, >55	51.6
三次产业就业结构（%）	第一产业（A）	>60	60—45	45—30	30—10	<10	27.0
	第二产业（I）	<15	15—20	20—30	30—40	<40, >A, <S	28.1
	第三产业（S）	<20	20—30	30—40	40—50	>50	44.9
工业增加值/GDP（%）		<20	20—30	30—40	40—50	<50	33.9
制造业增加值/GDP（%）		<15	19	24	36	<36	28.6
城镇化率（%）		<30	30—50	50—60	60—75	>75	58.5

注：2017年中国人均GDP据世界银行WDI数据库以2005年不变价美元计算而得。

数据来源：何永芳：《中国改革开放以来的工业化进程分析》，《广东社会科学》2009年第2期。

综合以上观点，中国现阶段仍然处于工业化中期后半段向后期过渡的阶段，即工业化中后期阶段。而阻碍中国工业化进程的瓶颈正是现阶段出现的供给侧的矛盾，在企业层面突出表现为：企业素质结构不合理，优质企业数量不够；企业所有制结构不合理，国有企业改革和战略性调整还任重道远；企业产品结构还无法适应消费结构变化，高品质、个性化、高复杂性、高附加值产品的生产能力不足。在产业层面突出表现为：国际产业链分工地位有待提升，产业结构高级化程度不够，产业融合程度不足。在区域层面突出表现为：对外，利用全球资源的区域战略还有待完善；对内，现有区域协调发展水平还有待提高，区域发展差距较大（黄群慧，2016）。

3. 供给侧结构性改革背景下中国工业化发展方式

进入工业化中后期阶段，原有的发展模式已经无法提供经济增长所需动力，改革势在必行，中国工业化发展的趋势主要有以下几个方面。

（1）改革的核心问题是处理好政府和市场的关系，使市场在资源配置中起决定性作用和更好地发挥政府作用（协调机制）。既要发挥市场在资源配置中的决定性作用，也要看到市场失灵所导致的问题，积极发挥政府的作用，从而根据未来市场趋势，提前布局建立工业化发展动能。在发挥政府作用的同时，也要看到政府失灵的可能性，在经济政策实施的某一环节尽力引入市场竞争机制，从而提高资源配置效率，将旧动能转化为新动能。为有效协调市场与政府两种力量，建立四种机制：竞争机制、开放机制、流动机制、长效机制，为改革阶段的中国工业化进程提供制度保证。

（2）从产业层面来看，中国工业化发展趋势主要表现在以下几个方面。一是传统产业转型升级。产业升级包括工艺升级，产品升级与产业链升级。产业升级既是培育工业化增长路径，也是改造原有产业，促进旧动能转化为新动能的有效渠道。就中国目前来说，由于基础原材料、基础原器件与基础工艺的薄弱，工艺升级及产品升级有着更为重要的意义。二是新兴产业培育壮大。数字经济、生命工程、新能源等新兴产业将成为引领中国下一阶段工业化进程的核心领域。习近平总书记提到要把握数字化、网络化、智能化融合发展的契机，以信息化、智能化为杠杆培育新动能。工业化进程要求不仅有信息产品的快速发展，不断形成新兴产业；也要利用信息化技术改造传统产业，促进传统产业转型升级，既要注重新技术的发展，也要培育与新兴产业相适应的产业组织结构与产业生态链。三是产业融合与军民融合。不同产业相互融合已经成为工业化前进动力的重要构成。制造业服务化是产业融合的重要领域。制造业服务化不仅提升了顾客满意度，提高了企业销售额，而且可以有效将潜在需求转变为现实需求，扩大企业市场规模。军民融合可以把国防安全与经济建设更好结合，为工业化升级提供产业与技术支撑。

（3）全球化对中国工业化进程的影响将会发生显著改变。通过招商引资扩大出口的传统工业化模式难以为继，中国也已经初步改变了资本短缺的局面，大量资本在迫切寻找投资机会。经济全球化减速的背景下，"一带一路"建设将成为中国经济与世界经济深度融合的着力点。国际产能合作是现实条件下传统工业化向新型工业化转换的可能路径。

（4）绿色转型是未来一段时间中国工业化发展的重要任务。过去几十年，中国工业化发展在很大程度上是利用了中国巨大的环境容量，甚至超过了自然环境自我净化的能力。可以说，过去一部分中国企业的快速发展源于将企业环境成本外化；而目前靠牺牲环境换取发展的旧道路已经不可持续。绿色化不仅是中国经济的发展要求，而且可能成为企业发展的新动力。中国下一阶段的工业化应通过技术进步等方式来应对环境管制，形成新的产业竞争优势，实现环境保护的双重红利。加强生态服务功能区建设。通过市场化的机制使生态服务价值化，使绿水青山成为金山银山，从而推动中国工业化的可持续发展。

（5）区域间要素流动是支撑中国未来工业化进程的关键机制。中国目前不同区域之间、城乡之间商品与要素流动的壁垒尚存，消除商品与要素流动壁垒，减少资本错配，可以有效促进中国形成经济增长的新动能。中国经济目前形成了东中西部的梯度发展格局。东部产业升级需要原有区域提供产业发展的空间，而中西部发展也需要实体产业的支撑。产业转移将在中西部形成新的增长极，带动中西部经济发展，从而可以激活原有旧动能，将发达地区的工业化成果转为落后地区的工业化动力；东部地区原有低端制造业转移后，逐步形成新的有竞争优势的产业，从而为中国下一阶段工业化发展提供空间。

（6）人力资本积累是推动中国工业化进程的主要支撑。国家间的竞争会越来越聚焦于对人才的竞争；是否能聚集足够多的人才是一个国家能否持续发展的关键。中国下一阶段的工业化目标应从打造一流的营商环境转变为建设宜居城市，从而提升对人才的吸引力；各级政府也会越来越注重对本地区人力资本的投资（最重要的是教育与健康），从而增加对人才的吸引力。2018年3月5日，政府工作报告中提到，要"医疗、养老、教育、文化、体育等多领域推进'互联网+'"。宜居城市的建设会成为新的经济增长点。

（7）城市化是未来一个时期促进中国工业化深入推

进的持久动力。中国目前城市化率刚刚超过50%，还有较大的发展空间。城市化不仅意味着人在城市中居住，更意味着劳动力就业岗位将不再是农业，而是二、三产业。目前中国城市化还对政府的公共服务提出了更多的要求；不同区域间公共服务的均等化也意味着落后地区公共服务水平的提升，这也形成中国工业化发展的机遇。中国的城市化推进将会在中西部部分地区形成千万级的城市，从而带动整个区域的城市化与经济增长，从而带动地区整体工业化进程。城市化不仅意味城市规模的提升，也意味城市质量的提升；智慧城市的建设将推动城市数字经济等新兴产业的不断发展。

（8）加强各区域间协同与优势转换是未来中国工业化需要解决的突出任务。中国东中西部经济差距的格局与其对外开放的程度有关；而对外开放的程度也与中国不同区域的比较优势有关，因此也造成了地区间工业化发展阶段的差异。全面对外开放与"一带一路"的建设在一定程度上缩短了中国东中西部地区在外向型经济中的比较优势差距；特别是中欧班列的开通，使中西部发展外向型制造业也具有了新的区位比较优势。丝绸之路经济带的建设使中国中西部地区基础设施不断提升、商业环境不断优化，有利于中西部地区不断加快工业化发展速度，更好地融入中国工业化进程大局中。

二 中国非煤矿业发展规律及其趋势研判

当前中国正处于工业化中后期发展阶段，巨大的人口与产业基数，长期的粗放型发展模式，使得中国工业发展所受到的资源和环境约束比世界上其他国家更为显著。特别是进入21世纪，中国再次迎来一轮重化工业高速发展周期，持续高速增长的重化工产业使中国铁矿石、铜精矿、铝土矿等主要矿产资源的消耗快速增长，总量持续扩大，工业化进程中资源紧约束状态加剧。作为不可再生资源，矿藏资源的快速消耗和低效利用使得中国矿产资源保障矛盾日益突出，并已对中国的经济安全带来不利影响。目前中国已经成为世界煤炭、铁矿石、氧化铝、铜、水泥消耗量最大的国家，石油消耗量居世界第二，是世界主要资源消耗大国，2000—2007年，全世界主要矿产品，包括钢铁、铜、镍、铝、镁、锡、铅、铂、金等价格都在大幅度上涨，其中中国需求量猛增是重要原因。可以说，中国的工业化是伴随着中国矿产资源的快速开发和生产的工业化，具有鲜明的工业化进程的特点和快速积累历程，但也存在着粗放发展的弊端和消耗过高的隐患。

（一）中国非煤矿业总体发展情况

中国非煤矿业发展历程，主要呈现以下规律及特点。

第一，矿产相对丰富，种类齐全，但人均储量不足。截至2017年底，中国已发现矿产173种，其中天然气水合物为新发现矿种，主要矿产中有42种查明资源储量增长，6种减少。查明资源储量的有159种，包括石油、天然气、煤、铀、地热等能源矿产10种，铁、锰、铜、铝、铅、锌、金等金属矿产54种，石墨、磷、硫、钾盐等非金属矿产92种，地下水、矿泉水等水气矿产3种。其中钨、锡、稀土等12种矿产居世界第1位；煤、钒、钼、锂等7种矿产居第2位；汞、硫、磷等5种矿产居第3位。表2-1是2017年中国主要非煤矿已探明储量。但与中国庞大的人口基数相比，中国非煤矿及能源储量显得十分有限，如图2-1所示，中国主要非煤矿产资源人均已探明储量普遍低于世界人均水平，且存在较大差距，2017年，中国铜矿、铝土矿、铁矿、金矿人均已探明储量分别相当于世界人均水平的18.56%、18.11%、67.09%、20.12%，磷矿、钾矿分别相当于世界人均储量的25.61%和50.14%，石油、天然气分别相当于世界人均储量的7.95%和15.38%，仅有锌矿接近世界人均储量。

表2-1　　　　　　2017年中国主要非煤矿产已探明储量

矿种	单位	查明资源储量	矿种	单位	查明资源储量
石油	亿吨	35.01	锡矿	金属万吨	445.32
天然气	万亿立方米	5.44	钼矿	金属万吨	2882.41
页岩气	亿立方米	1224.13	锑矿	金属万吨	307.24
铁矿	矿石亿吨	840.63	金矿	金属吨	12166.98
铜矿	金属万吨	10110.63	银矿	金属万吨	27.52
铅矿	金属万吨	8546.77	硫铁矿	矿石亿吨	60.37
锌矿	金属万吨	17752.97	磷矿	矿石亿吨	244.08
铝土矿	矿石亿吨	48.52	钾盐	KCl亿吨	10.57

数据来源：《中国土地矿产海洋资源统计公报（2017）》。

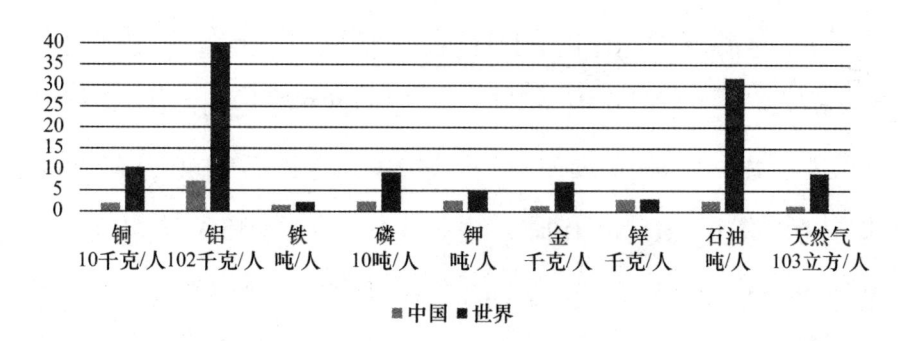

图2-1　2017年中国与世界主要矿产资源人均储量对比

数据来源：USGS, National Minerals Information Center; BP stats, BS Statistical Review of World Energy.

第二，非煤矿业工业化随中国工业化发展而快速发展。中国十种有色金属产量由1949年的1.33万吨增长到2014年的4811.19万吨，年均增速13.43%，快于中国GDP及工业增加值增速。其中铜产量由1949年的0.19万吨增长到2014年的539.42万吨，年均增速13.01%，铝产量由1953年的0.04万吨增长到2014年的2831.67万吨，年均增速20.09%。有色金属工业总产值由1949年的0.77亿元增长到2011年的37285.3亿元，年均增速19.01%。伴随中国工业化对矿产资源需求的加大，有色金属行业实现了由出口到进口的转变，20世纪90年代起，伴随第二轮重工业化的快速发展，矿产资源需求急剧增加，净进口额迅速扩大，如图2-2所示，2014年中国有色金属进口总额994.1亿美元，出口300.53亿美元，净进口额已达693.57亿美元。除有色金属外，其他非煤矿产资源生产量也随中国工业化推进而不断提升，铁矿石产量由1949年的59万吨增加到2013年的152212.89万吨，磷矿石产量由1952年的2万吨增加到2008年的5074万吨，石油产量由1950年的20万吨增加到2015年的21455.6万吨，天然气产量由1949年的0.07亿立方米增加到2016年的1368.7亿立方米。

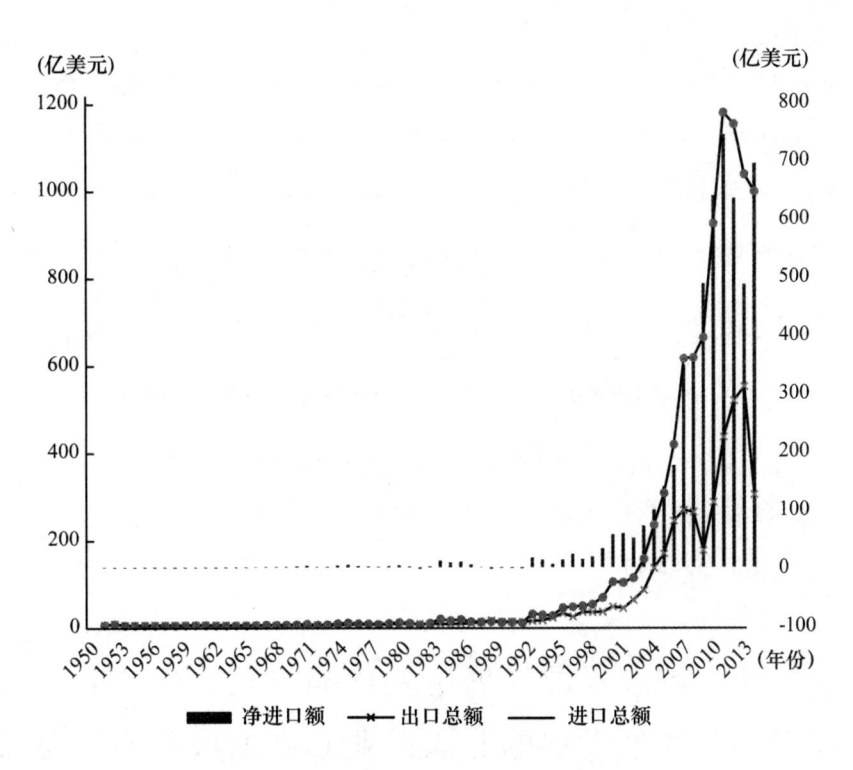

图 2-2　有色金属工业进出口变化趋势

数据来源：据《新中国有色金属工业 60 年》《中国有色金属工业年鉴》整理而得。

第三，非煤矿业发展周期与中国工业化周期吻合。发展需求的增加带动投资的相应提升，有色金属工业固定资产投资在改革开放后快速增长，并与中国工业化——尤其是重工业化——周期相符，如图 2-3 所示，有色金属工业固定资产投资在 20 世纪 80 年代及 21 世纪初迎来两次增长峰值，尤其在 2000 年后，重工业化进程再次提速，有色金属产业投资相应加快，固定资产投资占全社会固定资产投资比重由 1999 年的 0.29% 增长到 2013 年的 1.49%。

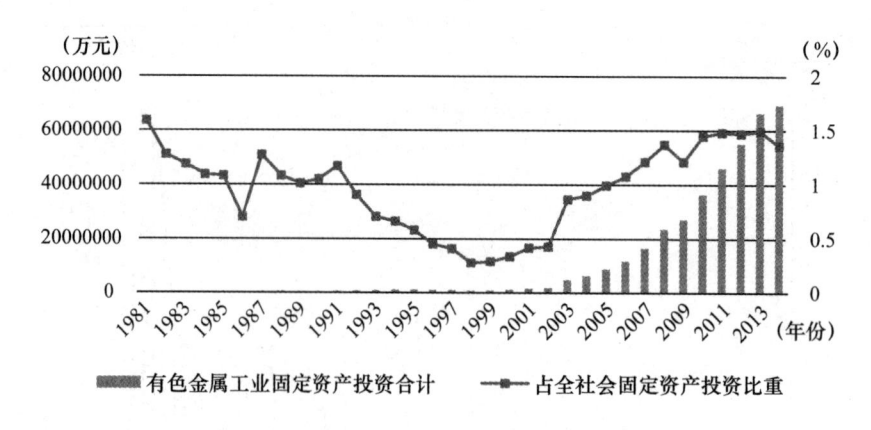

图 2-3 有色金属工业固定资产投资情况

数据来源：据《新中国有色金属工业60年》《中国有色金属工业年鉴》《中国统计年鉴》整理而得。

第四，矿产资源发展主要依靠投资，生产效率有待提升。与快速发展的非煤矿业和高速增长的资源需求相对应的是中国工业化的资源利用率不高和资源的过高消耗。从改革开放后第一波快速工业化周期看，1981—1990年，有色金属工业迎来投资高峰，固定资产投资年均增速为18.43%，在投资带动下工业总产值年均增速达7.29%，而劳动生产率年均增速却仅有4.46%。符合中国传统工业化发展依靠投资拉动、重工业拉动，而生产效率提升有限的现实（如图2-4）。与发达国家相比，2017年，中国一次能源消费占世界消费比重的23.18%，而GDP却仅占世界GDP的15.17%，能源消耗比美国多出40.15%，而创造的GDP却不足美国的三分之二。如图2-5，主要发达国家能源消耗占比远小于其GDP占比，而中国2017年一次能源消费占比却是GDP占比的1.5倍，表明中国能源利用效率和产品附加价值明显较低。从单位能耗看，2017年中国单位GDP能耗是英国的3.5倍、德国的2.8倍、日本的2.7倍、美国的2.2倍。

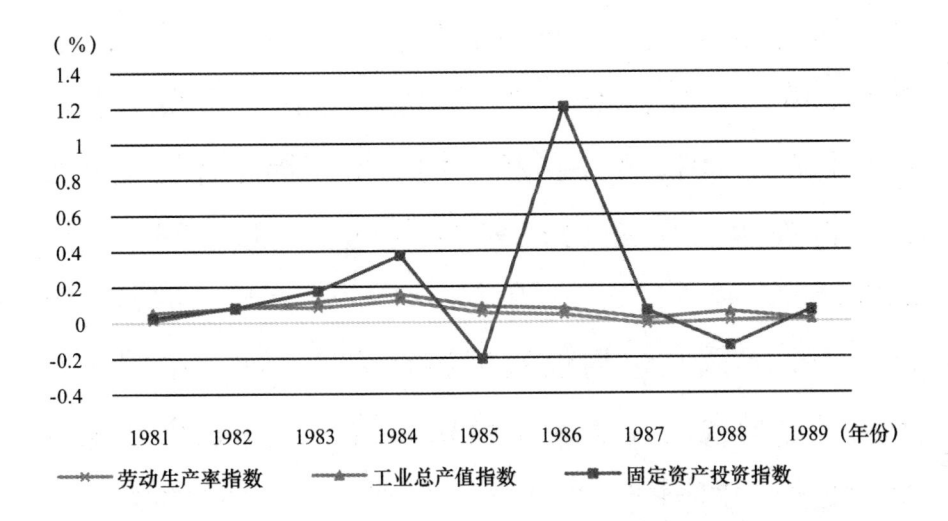

图2-4 1981—1990年中国有色金属产业发展相关指数

数据来源：据《新中国有色金属工业60年》《中国有色金属工业年鉴》整理而得。

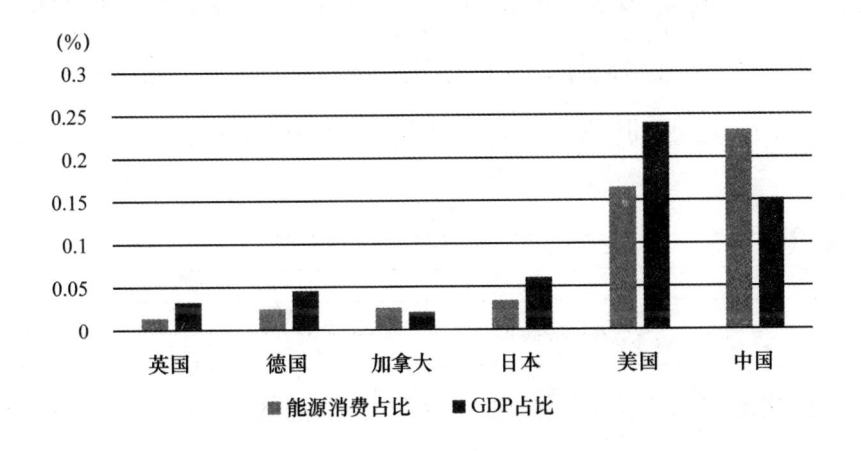

图2-5 世界主要国家GDP占比及能耗占比情况

数据来源：BP stats，*BS Statistical Review of World Energy*；World Bank WDI数据库。

第五，中国工业化进程拉动矿产资源消费快速增长，且总体呈现"三高一加速"的增长趋势，即消费总量高、消费占全球消费量比重高、对外依存度高和消费积累加速。首先，中国矿产资源消费总量高。2017年中国天然气和石油消费量分别为595.5亿立方米和240.4万吨，2016年中国能源总消费量43.6亿吨（标准煤），2014年中国精炼铜、精炼铝、锌锭、精炼铅、精炼镍、精炼锡产量分别达到1135.23万吨、2406.86万吨、580.70万吨、419.94万吨、76.09万吨和19.26万吨，均位列世界首位。其次，中国已经成为世界最大的能源及矿产资源消费国，且依然呈现上升趋势。如图2-6所示，中国一次能源消费量由1965年的131.47万吨快速上升到2017年的3132.18万吨，且消费量占全世界比重也呈上升趋势，由1965年的3.55%上升到2017年的23.18%，上涨19.63个百分点，增幅明显。中国成为一次能源消费第一大国，

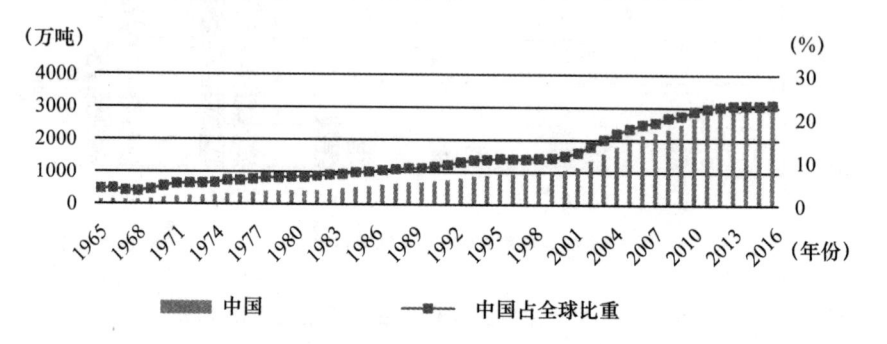

图2-6 1965—2017年中国一次能源消费量及全球占比

数据来源：BP stats, *BS Statistical Review of World Energy*.

如表2-2所示，2017年中国一次能源消费占全世界的比重远远领先于其他国家，其所占比重与第6位到第20位的国家所占比重之和（24.67%）相当。

表2-2　　　　2017年一次能源消费量占全球前20位国家

国家	位次	占比（%）	国家	位次	占比（%）
中国	1	23.18	沙特阿拉伯	11	1.99
美国	2	16.54	法国	12	1.76
印度	3	5.58	英国	13	1.42
俄罗斯	4	5.17	墨西哥	14	1.40
日本	5	3.38	印度尼西亚	15	1.30
加拿大	6	2.58	土耳其	16	1.17
德国	7	2.48	意大利	17	1.15
韩国	8	2.19	澳大利亚	18	1.03
巴西	9	2.18	西班牙	19	1.03
伊朗	10	2.04	泰国	20	0.96

数据来源：BP stats, *BS Statistical Review of World Energy*.

从单项资源看，中国依然是世界上最主要的消费国，由表2-3可见，第一，2014年，中国主要有色金属矿产资源消费量均居世界首位，而在2000年，中国主要有色金属矿产资源消费量占世界比重没有居于世界首位的项目，其中，精炼镍、精炼镉消费量分别由2000年的世界第6位、第8位上升到2014年的世界首位，其余矿产资源消费则是超越美国而成为世界首要消费国。第二，中国主要有色金属矿产资源消费量占世界消费量比重较2000年均有较大幅度提升。除精炼镉外，其余矿产资源消费比重均已超过全世界消费量的40%,精炼锡消费比重已达到世界消费总量的50.46%。而这一比重在2000年时还相对较低,除精炼铅为20.62%外,均不足20%,其中精炼镉、精炼镍消费占比仅为3.16%和5.05%。可见,进入21世纪后,中国对矿产资源的消费经历了一个快速增长周期。

表2-3　　　　　中国有色金属消费量及占世界消费率比重　　　（单位:万吨）

矿产品	国家和地区	1998	1999	2000	位次(2000)	2012	2013	2014	位次(2014)
精炼铜	中国	140.22	148.42	188.25	2	889.56	983.01	1135.23	1
	世界合计	1336.39	1401.59	1511.35		2013.33	2100.23	2277.63	
	占比(%)	10.49	10.59	12.46		44.18	46.80	49.84	
精炼铝	中国	242.54	292.59	353.27	2	2025.79	2195.5	2406.86	1
	世界合计	2184.21	2357.91	2477.98		4597.92	4659.3	5009.89	
	占比(%)	11.10	12.41	14.26		44.06	47.12	48.04	
锌锭	中国	112.78	109.46	128.75	2	539.62	599.48	642.04	1
	世界合计	802.07	838.64	851.05		1215.9	1299.97	1367.73	
	占比(%)	14.06	13.05	15.13		44.38	46.11	46.94	
精炼铅	中国	112.78	109.46	128.75	2	461.78	446.68	419.94	1
	世界合计	608.62	611.38	624.35		1031.17	1064.59	1019.83	
	占比(%)	18.53	17.90	20.62		44.78	41.96	41.18	
精炼镍	中国	4.2	3.85	5.76	6	80.49	90.92	76.09	1
	世界合计	96.57	107.41	114.13		172.84	179.61	169.59	
	占比(%)	4.35	3.58	5.05		46.57	50.62	44.87	
精炼锡	中国	3.49	3.95	4.96	2	17.62	16.82	19.26	1
	世界合计	24.03	24.45	26.35		35.96	35.53	38.17	
	占比(%)	14.52	16.16	18.82		49.00	47.34	50.46	
精炼镉	中国	600	600	600	8	5407	5407	5407	1
	世界合计	18104	18936	19000		16380.5	16549.2	16359.9	
	占比(%)	3.31	3.17	3.16		33.01	32.67	33.05	

数据来源:据《中国有色金属工业年鉴》整理、计算而得。

与有色金属矿产资源相似,中国能源资源的消费量也在快速持续提升,如图2-7所示,中国石油消费量由1965年的1096万吨增加到2017年的59545.18万吨,年均增速7.99%;天然气消费量由1965年的11.09亿立方米增加到2017年的240.44亿立方米,年均增速10.90%。同时消费量占世界总消费量比重持续上升,1965年,中国石油和天然气消费量占全世界比重仅为0.72%和0.18%,2017年该比重上升到13.32%和6.55%,成为世界第二大石油消费国及第三大天然气消费国,2000年时,中国石油和天然气消费量全球排名为第3及第21位,天然气消费量的快速上

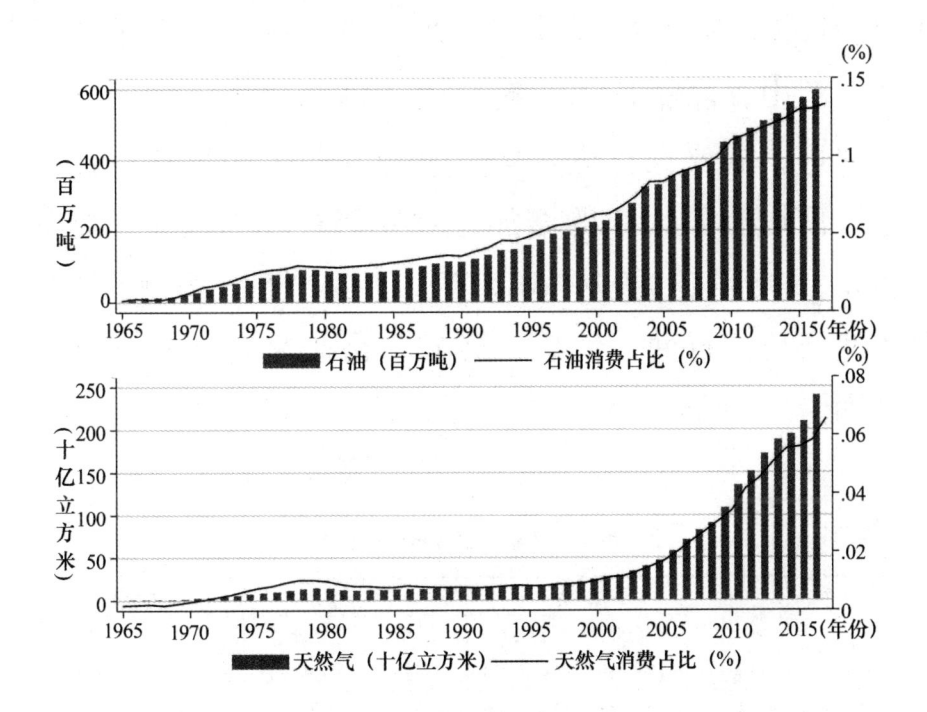

图2-7 中国能源消费及占世界总消费比重变化趋势

数据来源:据 BP Statistical Review of World Energy 2018年6月整理而得。

升反映出中国工业化进程中，清洁能源替代传统能源的发展理念，尤其是近10年，天然气消费量增速加快，与中国科学发展、绿色发展的理念相吻合。

第三高为中国矿产资源消费的对外依存度高，随着矿产资源消费水平的快速提升，中国矿产资源进口水平快速提升。2000—2017年，中国石油生产能力提升1.18倍，消费水平提升2.66倍；天然气生产能力提升5.44倍，消费水平提升9.74倍；2000—2014年，中国精炼铝生产能力提升5.58倍，消费水平提升6.03倍；锌锭生产能力提升2.97倍，消费水平提升4.99倍；精炼镍生产能力提升4.85倍，消费水平提升13.21倍。如表2-4所示，2014年，中国主要非煤矿产资源中，除精炼铝、精炼铅、精炼镉外，均存在自给缺口，需要大量进口国外资源，几大主要矿产品的进口额均有了大幅的增加，对外依存度居高不下。如图2-8所示，1999—2015年，主要矿产资源进口规模快速增长，石油、铁矿、锰矿、铬矿进口量年均增速分别为12.42%、19.32%、18.51%和16.49%。

表2-4　　　　　　　中国主要矿产资源自给能力变动

矿产资源	消费 2000	消费 2014	生产 2000	生产 2014	自给率 2000	自给率 2014
精炼铜（万吨）	188.25	1135.23	137.11	764.91	72.83%	67.38%
精炼铝（万吨）	353.27	2406.86	298.92	2831.67	84.62%	117.65%
锌锭（万吨）	128.75	642.04	195.7	580.7	152.00%	90.45%

续表

矿产资源	消费		生产		自给率	
	2000	2014	2000	2014	2000	2014
精炼铅（万吨）	128.75	419.94	109.99	470.43	85.43%	112.02%
精炼镍（万吨）	5.76	76.09	5.09	24.67	88.37%	32.42%
精炼锡（万吨）	4.96	19.26	11.24	18.71	226.61%	97.14%
精炼镉（万吨）	600	5407	1982.4	8201	330.40%	151.67%
石油（万吨）	224.22	527.96	162.62	211.43	72.53%	40.05%
天然气（亿立方米）	246.96	1883.63	274.14	1311.81	111.01%	69.64%

数据来源：据《中国有色金属工业年鉴》BP Statistical Review of World Energy 2018 年 6 月整理、计算而得。

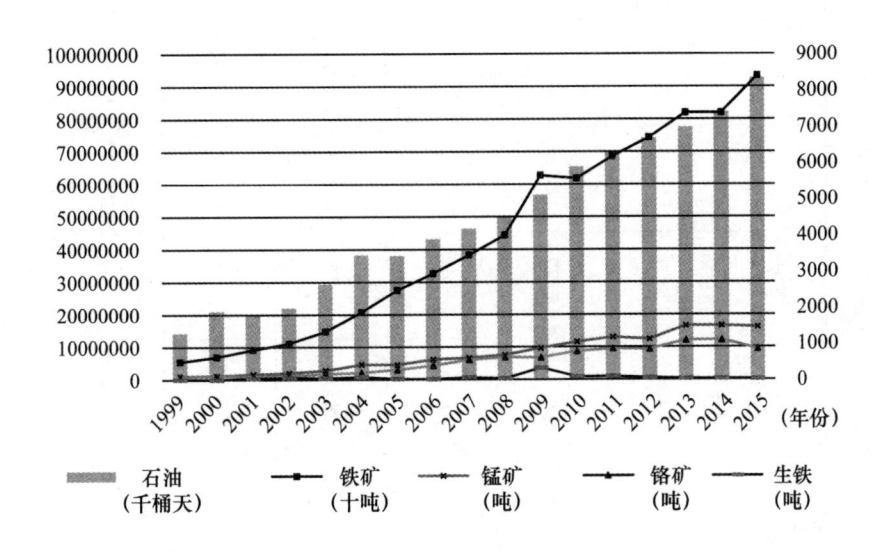

图 2-8　1999—2015 年中国主要矿产资源进口情况

数据来源：据《中国有色金属工业年鉴》BP Statistical Review of World Energy 2018 年 6 月整理而得。

"一加速"即中国主要矿产资源消费积累量呈加速趋势，从中国工业化不同划分阶段看，如表 2-5 所示，中国主要矿产资源消费经历了两次增长高峰，第一次是在 1958 年后，"一五"期间布局的工业企业逐

表2-5　中国工业化各阶段主要矿产资源消费情况

年份	铜消费量（万吨）	年均增速（%）	铝消费量（万吨）	年均增速（%）	铅消费量（万吨）	年均增速（%）	锌消费量（万吨）	年均增速（%）	石油（万吨）	年均增速（%）	天然气（亿立方米）	年均增速（%）
工业化起步阶段 1953—1957	25.95	9.69	6.61	81.23	14.45	32.91	11.48	39.28				
工业化自主探索阶段 1958—1965	71.73	17.81	84.76	42.05	64.17	18.27	48.09	15.46				
工业化曲折发展阶段 1966—1978	264.24	9.48	407.71	11.01	171.36	6.74	172.36	7.72	60999.7	18.31	765.2	22.09
市场化改革初期阶段 1979—1991	581.08	5.14	972.1	5.61	295.7	2.25	435.3	5.90	125407	2.34	1801.7	1.05
市场化全面展开阶段 1992—2002	1241.6	10.88	2711.0	16.12	573.5	14.18	1128.5	14.75	206212.9	6.72	2307.6	5.99
新型工业化推进阶段 2003—2011	3828.69	18.79	9970.19	17.85	2472.6	18.63	3280.17	13.42	333755.0	7.36	6661.9	18.54

续表

年份	铜消费量（万吨）	年均增速（%）	铝消费量（万吨）	年均增速（%）	铅消费量（万吨）	年均增速（%）	锌消费量（万吨）	年均增速（%）	石油（万吨）	年均增速（%）	天然气（亿立方米）	年均增速（%）
经济转型调整阶段 2012—2017	2012	889.56		2025.79		461.78		539.62		48707.0		1508.8
	2013	983.01		2195.5		446.68		599.48		50814.2		1718.8
	2014	1135.23		2406.86		419.94		642.04		52796.3		1883.6
	2015									56183.9		1946.9
	2016									57401.7		2094.4
	2017									59545.2		2404.4
		15.13		10.18		−0.62		8.00	325448.2	4.21	11556.9	10.15

数据来源：据《中国有色金属工业年鉴》BP Statistical Review of World Energy 2018 年 6 月整理而得。

步落地并投产后，工业建设对矿产资源的大量需求催生了第一次矿产资源消费高增长周期，1958—1965年，中国铜、铝、铅和锌消费量年均增速分别达到17.81%、42.05%、18.27%和15.46%，第二次增长周期源于市场经济体制的全面发展和重化工业的再次升级，1992—2011年，中国非煤矿产资源消费量增长率快速提升，尤其在进入新世纪后，中国非煤矿产资源的高速增长与20世纪50、60年代不同，此次增长是在资源消费已经经过长期积累的高基数基础上的增长，增长绝对量巨大。2003—2011年的9年间，除石油外，其他主要非煤矿产资源的消费总量均超过之前所有阶段消费量的总和。铜、铝、铅、锌在2003—2011年消费总量分别达3828.69万吨、9970.19万吨、2472.6万吨、3280.17万吨，分别是1953—2010年消费量总和的1.8倍、2.4倍、2.2倍和1.8倍，天然气消费量达6661.9亿立方米，是前期消费量的1.4倍。矿产资源消费提升趋势明显。

（二）中国工业化进程各阶段非煤矿业发展特点

作为经济建设和工业生产的重要投入要素，中国非煤矿业的发展随中国工业化的发展而呈现出工业化的历史规律与中国特殊历史时期的阶段特色。总体而言，中国非煤矿产资源随中国工业化进程的发展而快速发展，矿产生产能力、消费水平和进出口数量、金额都显著增长。同时，中国矿产资源发展周期与中国工业化周期相协调，具有同步性。具体如下。

1. 国民经济恢复阶段（1949—1952）非煤矿业发展特征

该时期中国经济以恢复为主，战争对中国国民经济体系包括采掘业及矿产资源生产、加工行业造成了严重的损害。中国非煤矿山的发展也以恢复战前水平为首要任务，其目的是尽快建立起能够支撑国民经济正常运行的矿产及能源支撑体系。经过4年的努力，中国非煤矿产发展得到有效提升，如表2-6所示，1949年中国主要非煤矿产资源生产能力十分有限，到1952年，产能得到较大的恢复。其中精铜矿产量增长10.20倍，粗钢产量增长8.54倍，成品钢材产量增长8.07倍，生铁产量增长7.72倍，十种有色金属总产量增长5.56倍，石油产量增长2.2倍，能源总产量由2374万吨标准煤上升到4871万吨标准煤。从中不难看出，在新中国成立初期，中国非煤矿产资源的发展呈现以下特点：（1）几乎从零基础起步，在短时间内构建起中国矿产资源生产能力，为中国工业化进程的正式启动奠定了良好基础；

（2）增速快，由于基数极小，国民经济恢复阶段的非煤矿产资源产量呈几何型增长；（3）矿产质量有待提升，如铁矿石增加的产量中贫矿占了较大比重，并成为该时期内增速最快的非煤矿产。

表 2-6　　　　1949—1952 年中国非煤矿产恢复情况

非煤矿产资源	1949	1950	1951	1952
能源生产总量（万吨标准煤）	2374	3174	3903	4871
石油（万吨）		20	31	44
生铁（万吨）	25	98	145	193
粗钢（万吨）	15.8	61	90	135
成品钢材（万吨）	14	41	67	113
铁矿石（万吨）	59	235	270	429
贫矿（万吨）	3	52	77	133
富矿（万吨）	56	183	193	296
精炼铜（万吨）	0.29	1.05	2.17	2.95
矿产（万吨）	0.19	0.29	0.42	0.47
再生（万吨）	0.1	0.76	1.75	2.48
10 种有色金属（万吨）	1.33	1.33	3.06	7.4

数据来源：据公开资料整理而得。

2. 工业化起步阶段（1953—1957）非煤矿业发展特征

1953 年"一五"计划实施标志着中国工业化进程的正式开启，156 项重工业项目的布局极大地推动了中国工业体系的建立，其间包括能源企业 52 个，冶金企业 20 个，石油、钢铁、有色金属矿产资源的生产能力进一步提升，其中石油产量由 1953 年的 62 万吨增加到1957年的146万吨，铁矿石产量由582万吨增加到1937万吨，有色金属产量由10.3万吨增加到21.45万吨。这一时期非煤矿产资源产量增速较1949—1953年时期明显下降，主要在于新中国成立初期，非煤矿产业从无到有的建设，基数较小，增速提升明显；而本时期工业化建设稳步推进，非煤矿产业在已经具备一定生产能力的产业基础上提升，增速自然回落，但这也说明本时期非煤矿产业生产开始进入正轨，在经历国民经济恢复阶段后，非煤矿产业伴随中国工业化进程的开始而逐步发展。与此同时，"一五"期间布局的企业多为重工业企业，其建设需要一定的周期，尚未形成既定生产能力。由此即形成了"一五"时期非煤矿山生产的主要特点之一——生产步入正轨，但生产能力尚未构建完成。

表2-7　　　　1953—1957年中国非煤矿产生产情况　　　（单位：万吨）

非煤矿产资源	1953	1954	1955	1956	1957
能源总量（万吨标准煤）	5192	6262	7295	8242	9861
石油	62	79	97	116	146
铁矿石	582	723	960	1548	1937
磷	2	3	4	4	8
十种有色金属	10.3	12.57	16.48	21.4	21.45
精炼铜	4.05	4.68	4.91	7.03	5.28
铝	0.04	0.19	2.07	2.16	2.92
铅	1.53	2.74	3.19	5.24	5.35
锌	1.4	1.72	2.33	2.97	3.66

数据来源：据公开资料整理而得。

这个时期非煤矿产业发展的另一特点是该时期矿产资源几乎可以实现自给，非煤矿产量快速增加，快于其消费量增速。如图2-9所示，1957年，除精炼铜外，主要非煤矿产资源供给量均高于其需求量，国内工业化建设所需矿产资源主要来源于自给。其原因在于该时期铝、铅、锌和能源总量的产量增长速度普遍高于消费量增长速度。从这一特点也可以判断出1957年的中国仍处于工业化初期阶段，非煤矿产快速发展为工业化积累了资源，但工业化规模不足使得其对非煤矿产的消费仍然有限。

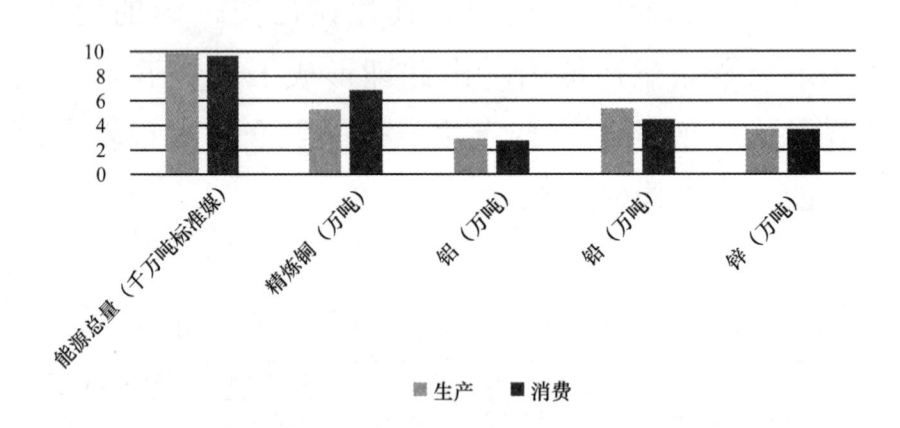

图2-9 1957年中国主要非煤矿产生产、消费对比

数据来源：据 *BP Statistical Review of World Energy* 2018年6月，《新中国有色金属工业60年》整理而得。

3. 工业化自主探索阶段（1958—1965）中国非煤矿业发展特征

1958年"大跃进"推高了该时期第二产业及第二

产业就业比重，非煤矿产产量在该时期也相应增加，尤其是钢铁的产量。如图2-10，在1958—1962年，中国主要非煤矿产资源生产量均出现先上升后下降的倒U型增长趋势，1958年的钢铁产量达到7500万吨，增幅达287.19%，是1957年的近三倍。与铁矿相似，截至1959年，铁、石油、铜、铝、磷、铅、锌产量分别是1957年产量的4.99倍、2.55倍、2.21倍、2.44倍、3.88倍、1.89倍和1.37倍，直接拉动能源总生产量提升1.75倍。

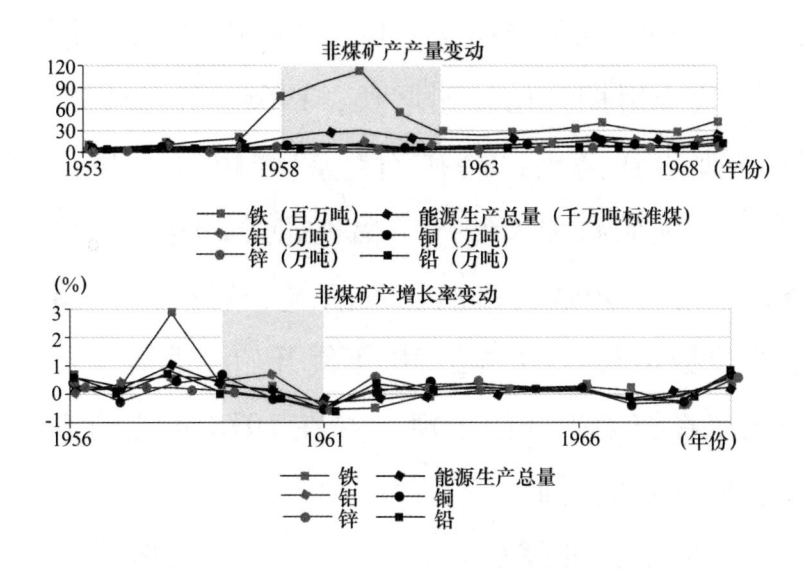

图2-10 "大跃进"时期非煤矿业产出变动趋势

数据来源：据 BP Statistical Review of World Energy 2018年6月，《新中国有色金属工业60年》《中国钢铁工业五十年数字汇编》整理而得。

1961年起，各主要非煤矿产资源生产量开始下滑，1961年，铜、铝、铅、锌产量下跌幅度均超过

50%，1961—1963年，铁矿产量增长率分别为 -54.26%、-50.03%和-6.05%，1963年产量为2422万吨，1963年，各主要非煤矿产生产逐步恢复，到1965年，多数非煤矿产产量已经超过1958年产量。

4. 工业化曲折发展阶段（1966—1978）中国非煤矿业发展特征

这一时期，非煤矿产产量增速经历了先加速后减速的倒U型趋势（如图2-11）。非煤矿产产量在20世纪60代中后期开始加速增长，1968年各类矿产资源产量增速达到高点，磷矿石生产增幅最明显，达到42.89%，铁矿石和天然气增幅也超过20%，分别达到21.85%和23.56%。石油、天然气、锌矿的产出也实现了两位数增长。20世纪70年代开始，非煤矿产业产出增长率在波动中开始下滑，并在1978年之前未能显示出明显好转的局面。

这一时期，非煤矿业产量及消费量总体呈上升趋势。到1978年，精炼铜、铝、铅的消费量已经超过生产量，自给率分别为73.26%、67.13%和76.88%，全社会非煤矿产四分之一到三分之一的消费量来源于进口。1978年，铜、铝、铅冶炼产品进口量分别为11.60万吨、21.18万吨和2.86万吨，而有色金属冶炼产品出口量也逐步提升，1978年出口额达2.96亿美元。

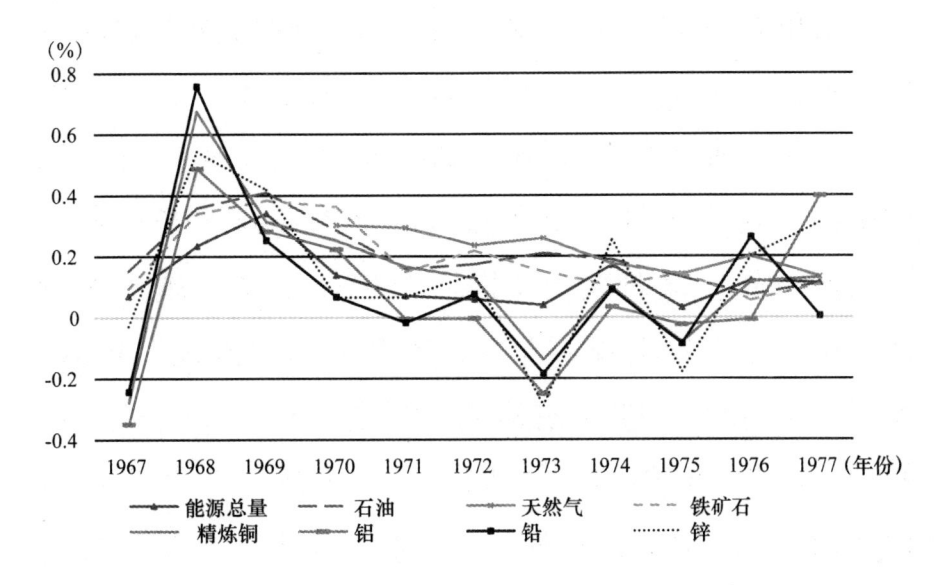

图 2-11 "文化大革命"时期中国非煤矿产业增长率

数据来源：据 *BP Statistical Review of World Energy* 2018年6月、《新中国有色金属工业60年》《中国钢铁工业五十年数字汇编》整理而得。

值得肯定的是，虽然中国工业化进程受到国内外环境的干扰，但经济社会仍然在波动中发展，非煤矿业产量及消费量也在稳步提升。到1978年，精炼铜、铝、铅的消费量已经超过生产量，自给率分别仅为73.26%、67.13%和76.88%，全社会非煤矿产四分之一到三分之一的消费量来源于进口。1978年，铜、铝、铅冶炼产品进口量分别为11.60万吨、21.18万吨和2.86万吨，而有色金属冶炼产品出口量也逐步提升，1978年出口额达2.96亿美元。

5. 市场化改革初期阶段（1979—1991）非煤矿业发展特征

改革开放为中国工业化进程注入新的动力，经济增长速度明显提升，尤其是社会主义市场经济体制确立后，轻工业、第三产业和私营企业成为这一时期推动中国工业化进程的重要力量。重工业及第二产业占比逐步下降。该时期，中国非煤矿业发展呈现三大特征。第一，中国非煤矿业在改革开放后得到发展机遇，大量非国有经济进入该领域，投资加快。如图 2-12 所示，1979—1991 年，中国钢铁工业固定资产投资年均增速达 11.20%，有色金属工业固定资产投资年均增速达 16.68%，均高于除新中国成立初期以外的各工业化发展阶段的年均增速。[①] 第二，由于这段时期经济以轻工业和第三产业拉动为主，对矿产资源的生产和消费拉动相对有限，加之中国非煤矿业已经历了 30 年的发展历程，具备一定积累，因此这段时期非煤矿业的生产及消费增长相对平缓，并未显示出与投资相符的增长速率。生产方增速最快的是磷和铝，其年均增速达到 10.34% 和 9.59%，而消费方年均增速相对较低，增速较快的矿产资源为锌、精炼铜和铝，其年均增速

[①] 2000 年后进入非煤矿业发展的又一高投资增长周期，有色金属工业数据显示，其增速高于 1979—1992 周期，钢铁工业数据暂不可获，但总体而言 1979—1992 周期的固定资产投资增速达到了波峰阶段。

仅有5.90%、5.71%和5.61%。第三，由于工业化以轻工业为主，全社会对矿产资源消费需求相对不足，该时期各主要非煤矿产资源消费增长率均低于生产增长率，1992年，除精炼铜以外，其他非煤矿产资源需求量普遍低于生产量，几乎可以实现自给。

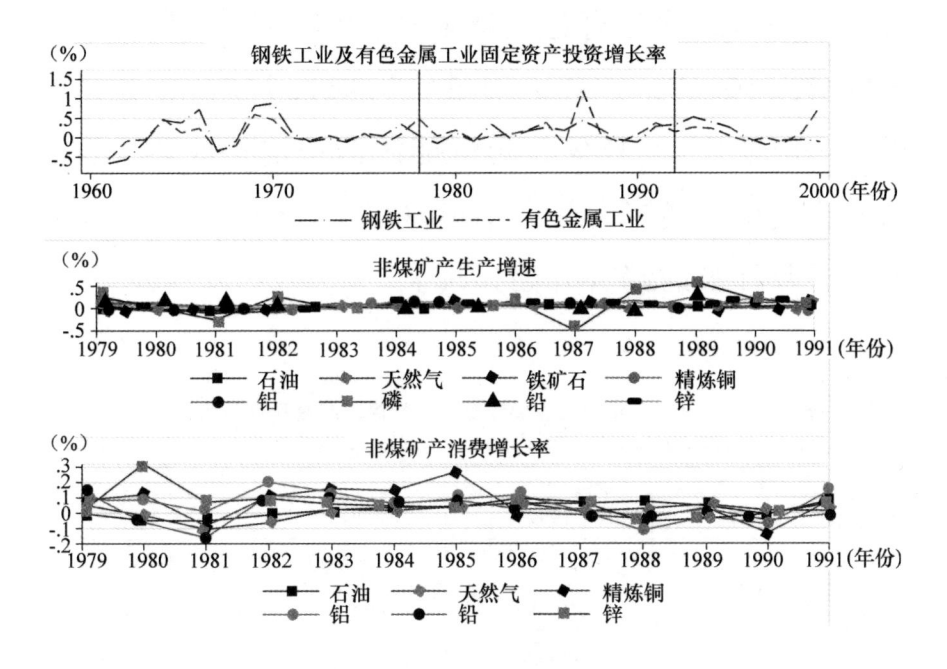

图2-12 1979—1991年中国主要非煤矿产增长情况

数据来源：据公开资料整理而得。

6. 市场化改革全面展开阶段（1992—2002）非煤矿业发展特征

改革开放进入全面展开阶段，经济建设步入快车道，非煤矿产产量稳步增长，为中国经济建设提供资源保障。但与前期需求不同，如表2-8所示，本期非煤矿产资源生产增速较快的是有色金属行业，10年间，钾产量年均增长38.45%，铝产量年均增长14.85%，铅产量年均增长14.04%。而传统资源生产增幅相对较小，石油生产年均增长1.56%，铁矿石年均增长2.05%。与生产类似，非煤矿产资源的消费量增速较快的仍然是有色金属矿产，10年间，铝消费量年均增长16.19%，锌消费量年均增长14.75%，铅消费量年均增长14.18%，传统能源消费增长放缓，石油和天然气年均增幅分别仅有6.72%和5.99%。产业升级及资源升级的趋势开始显现。

表2-8　1992—2002年中国主要非煤矿产产量、消费量变动情况

生产量			
年份	1992	2002	年均增速
钾（吨）	21.00	450.00	38.45%
铝（十万吨）	10.91	43.21	14.85%
铅（万吨）	36.60	132.47	14.04%
锌（万吨）	71.89	215.51	12.30%
精炼铜（万吨）	65.92	163.25	10.88%
硼（万吨）	12.68	14.50	10.79%
天然气（百亿立方米）	15.91	32.92	7.08%
钨（万吨）	2.54	5.51	6.42%
锡（万吨）	4.38	6.20	4.84%
金矿（十吨）	12.50	19.20	4.50%
铁矿石（千万吨）	20.98	23.26	2.05%
石油（千万吨）	14.21	16.70	1.56%
磷（万吨）	0.68	0.69	1.41%

续表

消费量			
年份	1992	2002	年均增速
铝（万吨）	121.60	430.50	16.19%
锌（万吨）	52.30	167.61	14.75%
铅（万吨）	27.70	95.73	14.18%
精炼铜（万吨）	99.30	268.44	12.81%
石油（千万吨）	13.24	24.81	6.72%
天然气（百亿立方米）	15.91	29.41	5.99%

数据来源：据公开资料整理而得。

7. 新型工业化发展推进阶段（2003—2011）非煤矿业发展特征

新型工业化理念的推广对传统能源及资源生产、消费结构产生了一定的影响。首先，绿色发展的理念对工业化进程中矿产资源及能源的使用产生影响，从单位产值能耗看，如图2-13所示，有色金属产业单位工业产值能耗持续降低，2003—2011年单位工业产值所消耗的电力、煤炭、焦炭、燃料油均值仅相当于1983—1991年平均消耗量的14.28%、9.20%、4.81%和2.40%。2011年单位工业产值所消耗的电力、煤炭、焦炭、燃料油比2003年下降了65.34%、56.31%、70.17%和90.68%。其次，非煤矿产能源结构发生了较大的变化。虽然中国主要能源构成仍然是煤炭，但是非煤能源的内部结构发生了较大变化，石油占比不断下降，天然气、一次电力及其他能源占比不断提升，2003年石油占中国能源比重为20.1%，2011年下降到

16.8%，而天然气占比从2003年的2.3%上升到4.6%，翻了一倍。第三，中国非煤矿产资源生产能力进一步提升，2003—2012年，铝土、铜矿、铁矿石、磷、钾、天然气、石油产量分别由1300万吨、61万吨、2.61亿吨、7550吨、500吨、353亿立方、126万桶，上升到2012年的4700万吨、141万吨、13.3亿吨、2.85万吨、3770吨、1070亿立方、151万桶。第四，2008年全球金融危机对中国工业化进程的有序推进产生了一定影响，全球经济进入紧缩周期，中国工业化速度逐步放缓，增长速率不再是发展的核心要义，高质量的发展和供给侧结构性调整成为发展的主色调。随着经济增速的放缓，中国非煤矿产生产也逐步回落，如图2-14所示，21世纪第一个十年中，中国非煤矿产经历了重化工业再次高速增长的增速上升期和经济结构改革影响下的增速下调期，总体走出先上升后下降的倒U型轨迹。

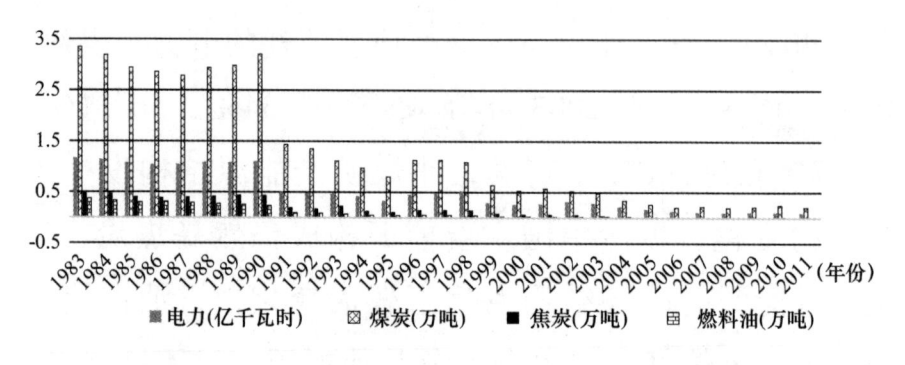

图2-13 1983—2011年中国有色金属工业单位能耗变动

数据来源：据《中国有色金属工业年鉴》整理而得。

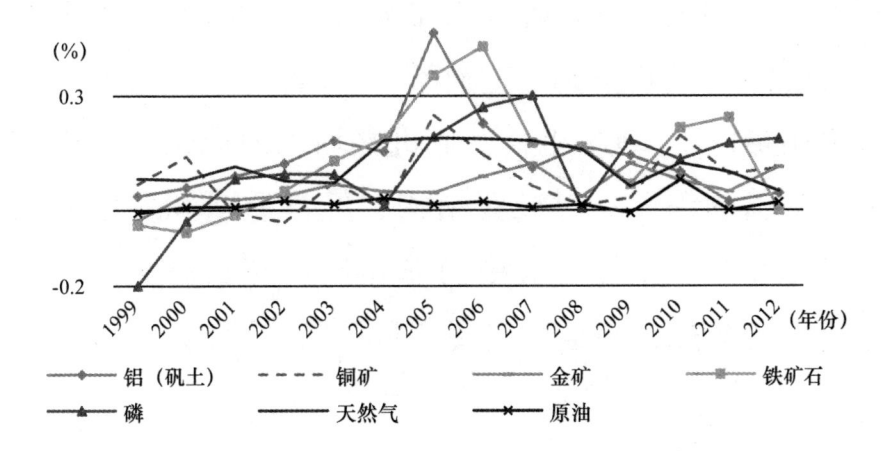

图 2-14　1999—2012 年中国主要非煤矿产生产增速

数据来源：据美国国家地质调查局（USGS）数据整理而得。

（三）经济结构调整背景下中国非煤矿业发展趋势判断

2013 年起，中国逐步进入经济结构调整阶段，中国工业化发展也经历了起步、探索、快速发展、全面推进的阶段，现在进入结构调整期。工业化发展规律表明，经济结构特别是产业结构的系统变化使资源的消耗弹性先增后降。中国已经进入工业化中后期，服务业替代（重）工业成为推动中国工业化发展的主要动力，随着重化工业增速放慢，比重减小，服务业增长速度加快，单位产出的资源消耗强度进入持续回落状态，中国非煤矿山生产及消费增长速率随着生产效率的提升和能源使用效率的提升而逐步放缓。如表 2-

9所示，2013年后，各主要非煤矿产量增速几乎都降至历史低点，其中铜矿、铁矿、天然气、石油的产量增速还要低于2008年金融危机之后的时间区间。随着中国改革的深入，对产业结构、经济质量和资源利用效率的要求不断提升，中国非煤矿产产量增速放缓的趋势将会维持，甚至会出现产量下降的可能。

表2-9　　　　各时期中国主要非煤矿产产量增速对比　　　（单位:%）

时期	铝	铜矿	金矿	铁矿石	磷	钾	天然气	原油
1990—1999	15.76	7.03	6.55	5.21	0.07	40.24	5.78	1.86
2000—2008	17.64	7.87	6.01	15.72	12.76	40.33	13.59	1.69
2008—2012	9.53	8.92	8.00	13.85	13.76	7.93	9.89	2.16
2013—2015	12.07	5.83	4.12	1.52	14.45	16.44	6.79	0.88

数据来源：据美国国家地质调查局（USGS）数据整理而得。

综合以上分析，结合中国所处工业化发展阶段及供给侧结构性改革背景，认为中国非煤矿业发展具有以下几个趋势。

第一，未来一段时期（5年）是中国深化改革和经济发展调整的关键时期，高能耗产业将逐步被取代，能源利用效率不断提升，能源需求更加合理，多方因素致使中国非煤矿产业发展增速放缓的总体趋势不会发生改变，各类矿产人均消费将迎来拐点，铜的人均消费拐点大致在2022—2025年前后，铝的人居消费拐点大致在2025年前后出现（张亮，杨建龙，2013）。

第二,随着中国经济体量的增加,资源快速积累,对非煤矿产资源的消费体量将进一步增加,如表2-5所示,2003—2011年的9年间,中国主要矿产资源的消费总量均超过之前所有阶段消费量的总和,且消费数量在不断增长,未来10年,中国非煤矿产的消费量将进一步增加,总量将超过过去70年的总和。

第三,中国仍然处于工业化中期向工业化后期过渡的关键时期,能源在国民经济建设中的功能仍十分广泛,起到关键的支撑作用,其峰值可能相对滞后一些,预计人均能源消费的拐点大致在2030—2035年出现,人均能源消费约3吨油当量,峰值期年度能源消费43亿吨油当量—46亿吨油当量(王安建,2012)。

三 中国非煤矿山生产安全事故发生规律及影响因素分析

（一）中国非煤矿山生产安全事故发生规律

随着经济和社会的发展，各界对中国非煤矿山的生产安全提出了更高的要求，为此，有必要分析把握生产安全事故发生规律及影响因素，以更好地加强中国非煤矿山的生产安全。以往研究表明，1995年以前，中国非煤矿山安全事故数及死亡人数上升较快；1995年后至21世纪初，非煤矿山安全事故数及死亡人数呈波动上升趋势。为把握近年来中国非煤矿山生产安全事故发生规律，减少生产安全事故的发生，本节将基于2001—2017年的数据从时间、地域、矿种、类型、诱因、经济类型等多个角度，对中国非煤矿山生产安全事故发生规律进行分析，并将着重考察党的十八大以来非煤矿山生产安全事故下降的重要变化。

1. 中国非煤矿山生产安全事故时间规律

（1）事故发生的整体时间规律

2001—2017年，中国共发生非煤矿山生产安全事故20897起，造成死亡人数达26260。死亡事故起数由2001年的1313起升至2003年的2283起，后逐年降低，于2017年降至407起，降低期间平均每年降低11.5%；事故死亡人数由2001年的1932人升至2003年的2890人，后逐年降低，于2017年降至484人，降低期间平均每年降低11.6%。事故起数和事故死亡人数变化基本同步，均呈现快速上升后下降的趋势，且下降速度逐渐放缓，如图3-1所示。

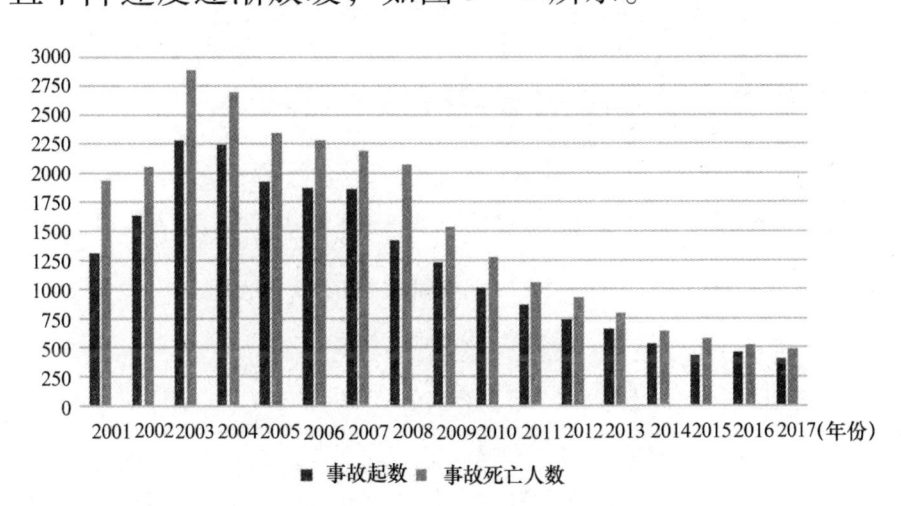

图3-1　2001—2017年中国非煤矿山总事故起数及事故死亡人数

数据来源：应急管理部。

每起事故的平均死亡人数整体呈下降趋势，由2001年每起平均1.47人降至2017年每起平均1.19人。这与较大及重特大事故起数、死亡人数及其占比的发展趋势相吻合。如图3-2及图3-3，较大事故起数和造成死亡人数呈波动下降趋势，其占总事故起数及死亡人数比重也呈整体下降趋势；重特大事故起数及其占比较为稳定，事故死亡人数及其占比波动较大，主要是2001年、2003年、2006年和2009年各发生一起或多起死亡人数超过80人的特重大事故造成的，但整体看来仍呈下降趋势。

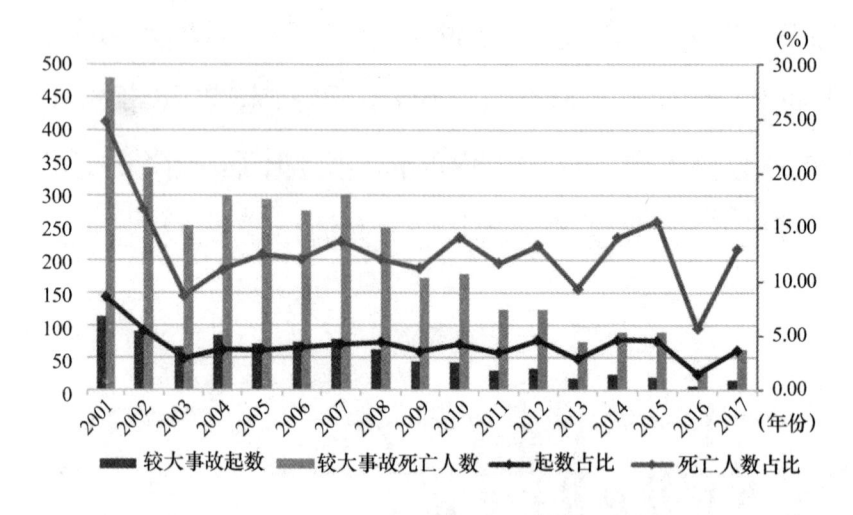

图3-2 2001—2017年中国非煤矿山较大事故起数、事故死亡人数及其比重

数据来源：应急管理部。

若以"五年规划"作为时间划分的依据，可将2001—2017年中国非煤矿山生产安全事故的基本情况用表3-1表示。可以发现，事故总起数和总死亡人数

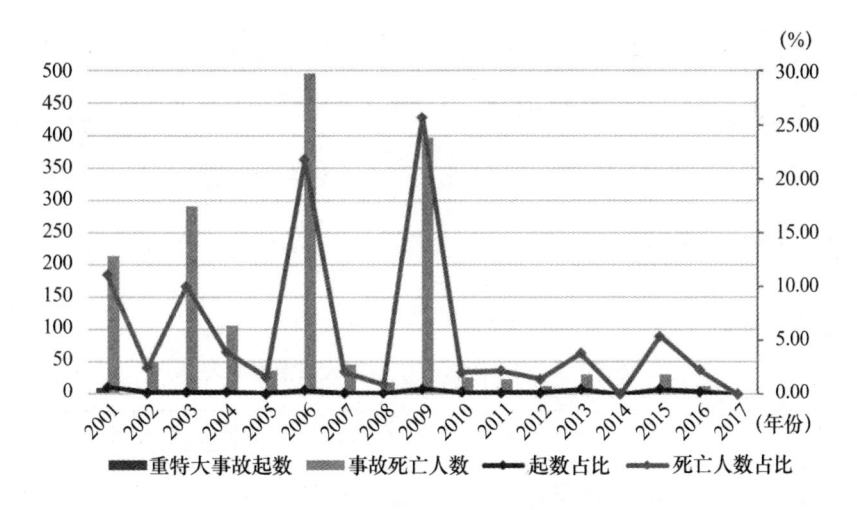

图 3-3　2001—2017 年中国非煤矿山重特大事故起数、
事故死亡人数及其比重

数据来源：应急管理部。

整体呈下降趋势，且在党的十八大后下降幅度变大，表现为"十二五"期间相比"十一五"期间事故总起数和总死亡人数均有大幅下降，下降幅度分别为56.2%和57.3%；"十三五"期间虽然只有前两年的数据，但与"十二五"期间前两年的数据相比，事故总起数和总死亡人数下降幅度分别达46%和49.3%。对于较大及重特大事故，其发生起数和死亡人数情况和整体情况类似，不同的是较大事故数及其死亡人数占比在前期下降较为平缓，进入"十三五"期间后下降速度有所提高；重特大事故数及其死亡人数占比呈减少趋势，每起重特大事故平均死亡人数呈现先增后减趋势，在党的十八大后减幅更加明显。这表明近年来中国非煤矿山生产安全形式呈现出整体向好趋势，即死亡事故发生数及死亡人数整体减少，且较大及重特大事故占比整体呈下降趋势，其向好趋势在党的十八大后愈发明显。

表 3-1　"十五"以来中国非煤矿山事故基本情况表

	"十五"期间	"十一五"期间	"十二五"期间	"十三五"前两年
事故总起数	9406	7388	3235	868
总死亡人数	11915	9344	3992	1009
较大事故起数	429	304	128	22
较大事故死亡人数	1667	1178	501	93
起数占比（%）	4.56	4.11	3.96	2.53
死亡人数占比（%）	13.99	12.61	12.55	9.22
重特大事故起数	20	18	7	1
重特大事故死亡人数	697	983	97	12
起数占比（%）	0.21	0.24	0.22	0.12
死亡人数占比（%）	5.85	10.52	2.43	1.19

数据来源：应急管理部。

（2）党的十八大以来中国非煤矿山生产安全事故发生时段分析

由于全年各月的生产条件及生产任务存在差异，非煤矿山生产安全事故发生频率与事故等级会有所不同。图 3-4 给出了 2012—2017 年中国非煤矿山事故发生频率加总的月度分布，可以发现全年中第二季度（即 4、5、6 月）平均发生的生产安全事故最多，且虽然每年事故分布情况有所不同，但 5 月在各年份中基本是事故发生最多的一个月，而2月则是各年份事故发生最少的一个月。

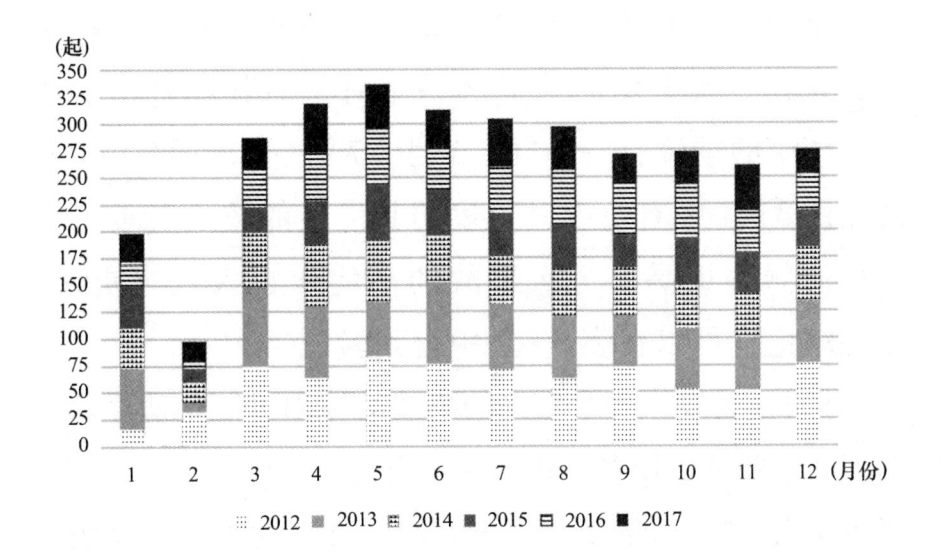

图3-4　党的十八大以来中国非煤矿山事故发生月度分布

数据来源：应急管理部。

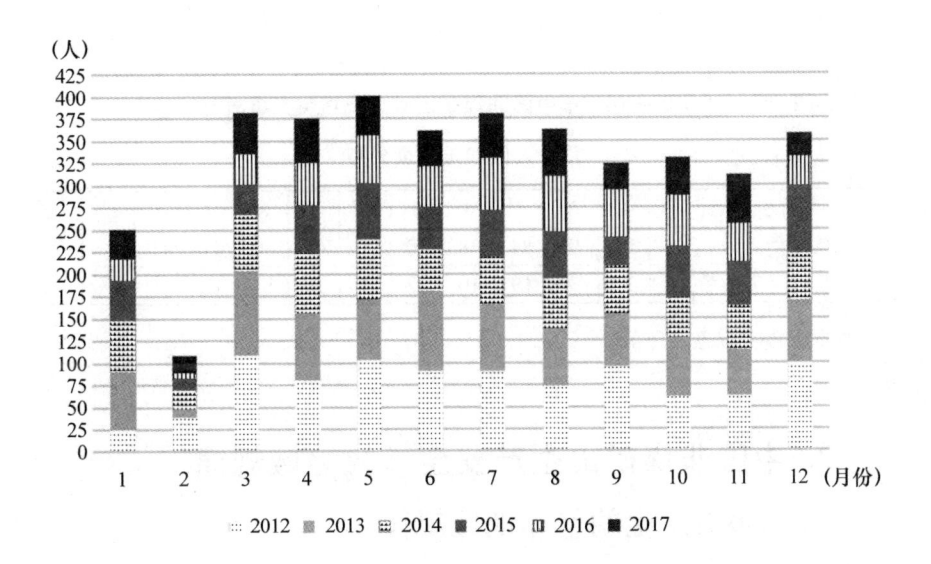

图3-5　党的十八大以来中国非煤矿山事故死亡人数月度分布

数据来源：应急管理部。

图 3-5 展示的是 2012—2017 年中国非煤矿山事故死亡人数的加总月度分布情况。可以注意到 5 月依旧是事故死亡人数平均值最高的一个月，而 2 月仍是事故死亡人数平均值最低的一个月，但其他月份的顺位和图 4 的顺位有所不同，3 月、7 月、12 月的顺位较其在图 3-4 中有所上升，表明其发生的较大及重特大事故的频率更高，每次事故的平均死亡人数也更多。上述结论也可以在表 3-2 中得到验证。

3 月更易发生等级较高的事故的原因可能是适逢新年返工潮，新员工较多，相关安全设施亦未更新完毕，更易产生伤亡数更多的意外；5—7 月事故发生频率及等级较高的原因可能是天气逐渐转向炎热后更易引起瓦斯事故，同时降水量加大容易导致矿井水害事故。

表 3-2　　　　2012—2017 年中国非煤矿山较大及重特大事故与死亡人口加总月度分布

月份	1	2	3	4	5	6	7	8	9	10	11	12
总死亡人数	51	9	84	38	50	20	65	40	41	41	38	67
较大及以上事故数量	11	3	19	10	12	4	16	11	10	9	9	12

数据来源：应急管理部。

2. 中国非煤矿山生产安全事故地域规律

（1）事故发生的整体地域规律

由于各地非煤矿山开采条件及技术水平等因素有所不同，中国非煤矿山生产安全事故在各地区的情况存在异质性。图3-6和图3-7分别报告了2001—2017年中国非煤矿山生产安全事故总起数和总死亡人数的地区分布情况。其中，云南省非煤矿山事故发生总数最高，总死亡人数也最高，分别为1819起和2305

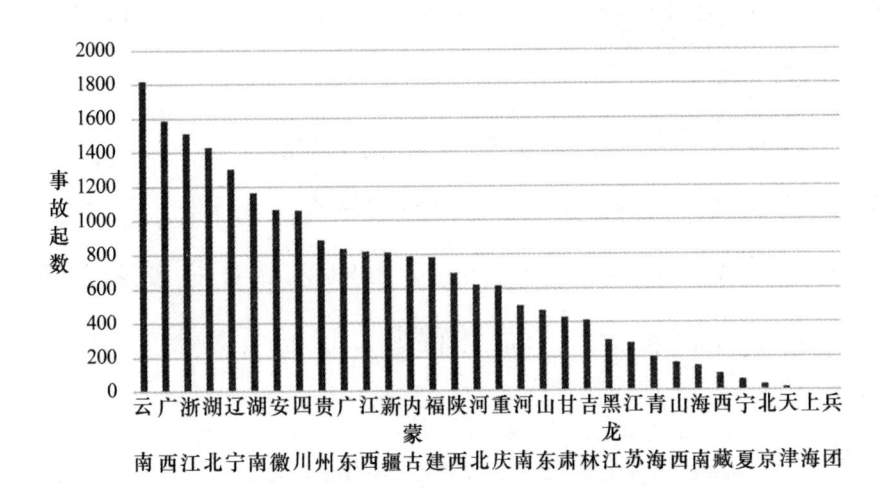

图3-6 2001—2017年中国非煤矿山事故总起数的地区差异

数据来源：应急管理部。

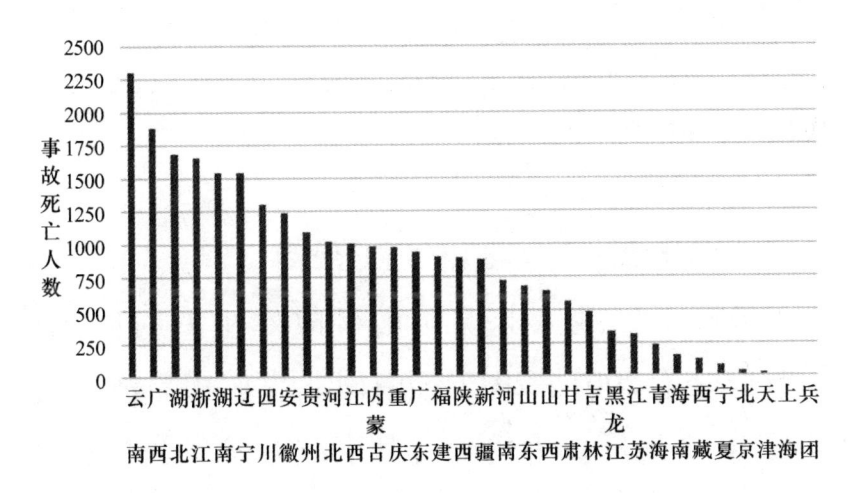

图3-7 2001—2017年中国非煤矿山事故总死亡人数的地区差异

数据来源：应急管理部。

人；广西壮族自治区次之，事故总起数和总死亡人数分别为1586起和1881人。后续顺位的地区在事故总起数和总死亡人数中的顺位并不全是一一对应的，但非煤矿山生产安全状况表现较好的新疆兵团、上海市及天津市在两个榜单中顺位一致，分别为倒数第一、倒数第二及倒数第三。

而通过比较大及重特大事故的统计数据（表3-3），云南省、贵州省、广西壮族自治区和湖南省的情况仍较为严重。这可能是由于这些地区高瓦斯矿井较多，且地质条件较差，开采难度较高，也更容易发生事故。

表3-3　部分地区非煤矿山较大及重特大事故数与死亡人数情况

	较大事故数量	死亡人数	重特大事故数	死亡人数
云南	105	395	0	0
湖南	75	293	5	78
贵州	63	251	3	44
广西	56	208	2	110
河南	49	212	2	23

数据来源：应急管理部。

（2）部分地区事故发生的时间规律

为考察不同地区非煤矿山事故发生的时间规律，本小节选取了2001—2017年中国非煤矿山事故总起数最高的10个地区作为代表（其事故总发生数和死亡人数分别占全部样本的56.8%和57.9%，且前9个地区也是2001—2017年非煤矿山事故死亡人数最高的9个地区），其事故总起数及顺位随时间变化的情况如表 3-4 所示。

表 3-4　部分地区非煤矿山事故总起数及顺位变化情况

	"十五"期间事故数	顺位	"十一五"期间事故数	顺位	"十二五"期间事故数	顺位	"十三五"前两年事故数	顺位
云南	756	2	582	1	382	1	99	1
广西	688	3	562	2	266	2	70	2
浙江	1049	1	347	9	101	13	15	18
湖北	671	4	498	3	208	4	52	6
辽宁	517	5	473	4	254	3	59	5
湖南	465	8	439	6	196	5	63	3
安徽	490	7	393	8	153	9	33	12
四川	381	10	463	5	152	10	63	3
贵州	278	14	438	7	96	15	13	19
广东	511	6	211	15	85	17	26	13

数据来源：应急管理部。

各地区的非煤矿山事故总数的时间变化和上文分析的全国情况类似，整体呈下降趋势，但各地区具体下降速率不尽相同。具体而言，云南省和湖北省下降速率变化较为平缓；四川省和贵州省呈波动下降趋势；广西壮族自治区、辽宁省、湖南省和安徽省下降速率和全国情况类似，呈现先慢后快的变化趋势，在党的十八大后下降幅度更大；浙江省和广东省下降速率呈现先快后慢的变化趋势，表现为在"十一五"期间事故数有较大幅度的下降，此后下降速率逐渐放缓。

由于各地区的事故总数具体变化趋势存在差异，随着时间的推移，其在全国的顺位也会发生变化。其中大部分地区的顺位变动不大，如云南省、广西壮族自治区、湖北省和辽宁省；部分地区顺位有所波动，如四川省和贵州省；还有部分地区顺位有所下降，如浙江省、广东省和安徽省，且浙江省和广东省的顺位在"十一五"期间就有较大的下降幅度。这表明，浙江省和广东省在非煤矿山生产安全方面所做的努力起步较早且效果较全国平均水平更优。以浙江省为例，这可能得益于其省安全生产监督管理局积极落实非煤矿山企业安全生产许可条例及矿山隐患排查治理实施方案等文件，其他安全事故发生频率较高的地区可以因地制宜地学习参考浙江省的经验。总死亡人数的各地区情况及其顺位与事故总起数的情况相近似，在此不再展开分析，其具体情况如表3-5所示。

表3-5　部分地区非煤矿山事故总死亡人数及顺位变化情况　　（人）

	"十五"期间死亡数	顺位	"十一五"期间死亡数	顺位	"十二五"期间死亡数	顺位	"十三五"前两年死亡数	顺位
云南	983	2	751	1	465	1	106	1
广西	885	3	618	3	302	2	76	2
湖北	783	4	576	6	259	4	66	5
浙江	1151	1	384	11	109	17	17	19
湖南	606	6	622	2	244	5	70	3
辽宁	602	7	578	5	298	3	62	6
四川	514	11	547	7	175	10	69	4
安徽	562	10	453	8	189	7	38	12
贵州	428	13	519	4	131	13	14	20
广东	566	8	239	19	103	18	32	14

数据来源：应急管理部。

(3) 党的十八大以来部分地区事故发生的类型规律

为了更好地分析各地区事故发生规律，使政府和企业能根据当地特点有的放矢地制定相关的安全生产方案及措施，下文将从部分地区事故类型的视角切入，基于2012年以来的数据（2014年匹配数据缺失，故本小节将以2012—2013年，2015—2017年的数据为基础），对这些地区的事故发生的类型规律做出讨论。在此，我们选取了2012—2017年非煤矿区生产安全事故总数最高的5个省和自治区（云南省、广西壮族自治区、辽宁省、湖南省和湖北省）作为分析对象。这些地区也是上文分析中顺位相对稳定且靠前的地区，对这些地区进行分析有利于解决主要矛盾。

图3-8给出了2012—2017年（其中2014年数据

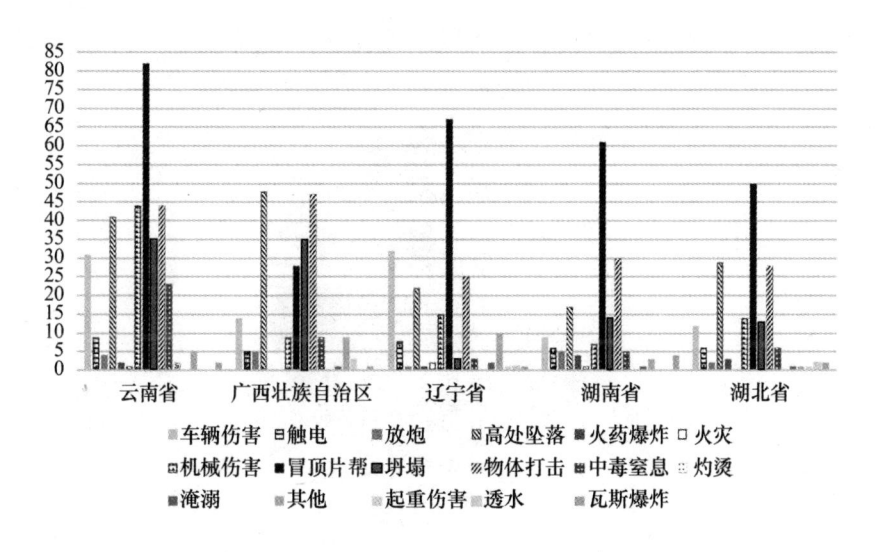

图3-8 2012—2017年部分地区非煤矿山事故总数类型统计

数据来源：应急管理部。

缺失）加总的各地区非煤矿山事故分类型统计结果。可以发现，不同地区事故类型的构成有不小差异，为此有必要对不同地区分别进行规律分析。

云南省

云南省2012—2017年加总的非煤矿山事故类型比重如图3-9所示。可以看出，冒顶片帮是出现频次最多的事故类型，远超其他事故类型，统计期间共计82起，占比达25%；物体打击、机械伤害和高处坠落次之，分别共计44起、44起和41起。冒顶片帮出现频次远高于其他事故类型的原因可能是云南省矿区地貌为侵蚀构造中山地貌，部分地层受风化较为严重，且其性质遇水易软化；矿区内多年平均降水量较大，降低矿体的力学强度，加剧山体变形（刘壮，万磊，2018），导致冒顶片帮事故出现概率更高。

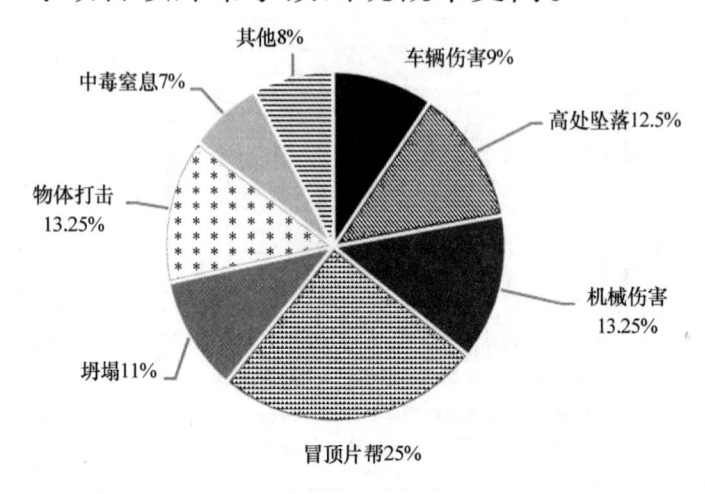

图3-9 云南省2012—2017年非煤矿山事故类型比重

数据来源：应急管理部。

表 3-6 给出了云南省主要事故类型占比及每起事故平均死亡人数的变化情况。可以发现，冒顶片帮在 2015 年以前都是占比最高的事故类型，且起均死亡人数相对其他类型更高，表明其更易发生危害等级更高的事故，但在 2015 年后其事故占比有所下降，起均死亡人数也有降低（在绝对值方面，如上文已经分析过的，各类型的事故数及死亡人数均呈现下降趋势）。物体打击、机械伤害和高处坠落类型的事故数占比有一定波动，但起均死亡人数相对稳定，基本以一般事故等级为主。中毒窒息型事故数量占比不高，但起均死亡人数较高，两者均呈波动变化。

表 3-6　云南省 2012—2017 年非煤矿山主要事故类型变化情况

		2012	2013	2015	2016	2017
车辆伤害	事故数占比（%）	9.38	3.95	10.71	18.87	6.82
	起均死亡人数（人）	1.22	1.33	1.67	1.1	1
高处坠落	事故数占比（%）	8.33	13.16	16.07	18.87	9.09
	起均死亡人数（人）	1	1.2	1	1.1	1.25
机械伤害	事故数占比（%）	10.42	13.16	12.50	15.09	20.45
	起均死亡人数（人）	1.2	1	1	1	1
冒顶片帮	事故数占比（%）	29.17	27.63	28.57	16.98	18.18
	起均死亡人数（人）	1.29	1.33	1.25	1.22	1
坍塌	事故数占比（%）	8.33	7.89	21.43	9.43	9.09
	起均死亡人数（人）	1	1.33	1.25	1.2	1
物体打击	事故数占比（%）	16.67	10.53	7.14	7.55	27.27
	起均死亡人数（人）	1.125	1.125	1	1	1
中毒窒息	事故数占比（%）	10.42	7.89	1.79	7.55	4.55
	起均死亡人数（人）	1.2	1.67	9	1	1.5

数据来源：应急管理部。

综合来看，云南省非煤矿山事故类型构成变化中，受地质等自然原因影响较大的冒顶片帮和坍塌事故占事故总数的比重于2015年后有所下降，事故危害等级也呈稳步下降趋势；机械伤害和物体打击型事故的比重稍有回升，但事故危害等级基本维持在一般事故等级，可能反映出云南省政府及企业对于地质相关事故做出了更多努力，但需关注危害较大的中毒窒息型事故的预防。

广西壮族自治区

广西壮族自治区2012—2017年加总的非煤矿山事故类型比重如图3-10所示。和云南省不同，广西主要事故类型占比较为接近，其中发生频次最高的事故类型为物体打击和高处坠落，统计期间事故总数分别为48起和47起，占比为22%和23%。坍塌和冒顶片帮型事故数次之，分别为35起和28起。广西各类型事

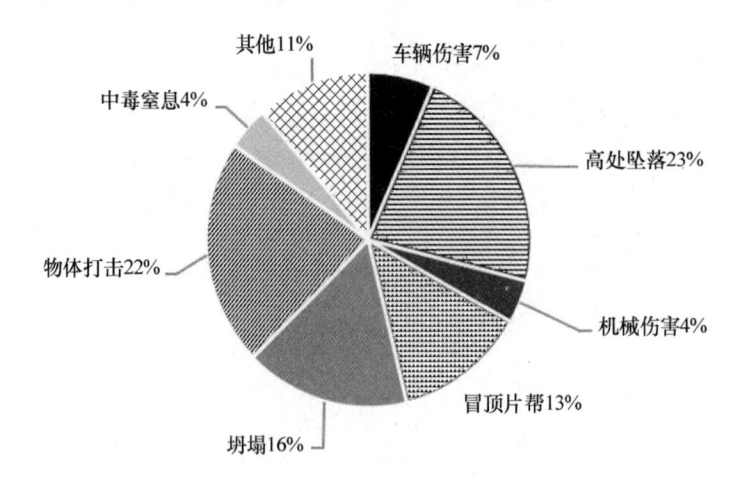

图3-10 广西壮族自治区2012—2017年非煤矿山事故类型比重

数据来源：应急管理部。

故出现比重较为接近,多为受非自然因素影响的类型,可能是由于广西矿区地质等自然条件没有显著的开采威胁,或是政府及企业对这方面的安全工作做得相对较好。

表 3-7 给出了广西主要事故类型占比及每起事故平均死亡人数的变化情况。可以发现,广西事故类型的构成在 2012—2017 年变动不大,其中高处坠落和物体打击一直以来都是占比较高的事故类型;除了坍塌型事故的起均死亡人数相对较高外,其他类型的事故在 2013 年以来基本维持在较低的事故等级水平。鉴于各类型事故比重较为接近,广西区政府及企业仍需统筹兼顾,控制各类型事故危害等级水平,并可能需更多关注坍塌型事故的预防及规模控制。

表 3-7　广西壮族自治区 2012—2017 年非煤矿山主要事故类型变化情况

		2012	2013	2015	2016	2017
车辆伤害	事故数占比(%)	8.06	4.08	9.38	4.88	6.67
	起均死亡人数(人)	1.2	1	1	1	1
高处坠落	事故数占比(%)	19.35	28.57	12.50	29.27	20.00
	起均死亡人数(人)	1	1.07	1.25	1	1
机械伤害	事故数占比(%)	4.84	2.04	6.25	7.32	0.00
	起均死亡人数(人)	1	1	1	1	0
冒顶片帮	事故数占比(%)	11.29	8.16	12.50	7.32	33.33
	起均死亡人数(人)	1.57	1	1	1	1
坍塌	事故数占比(%)	17.74	18.37	15.63	17.07	10.00
	起均死亡人数(人)	1.27	1.11	1.20	2.29	1.33

续表

		2012	2013	2015	2016	2017
物体打击	事故数占比（%）	17.74	18.37	34.38	24.39	20.00
	起均死亡人数（人）	1.09	1	1	1	1
中毒窒息	事故数占比（%）	8.06	4.08	3.13	2.44	0.00
	起均死亡人数（人）	1.4	1	1	1	0

数据来源：应急管理部。

辽宁省

辽宁省2012—2017年加总的非煤矿山事故类型比重如图3-11所示。可以看出，冒顶片帮出现频次远高于其他事故类型，统计期间共计67起，占比达34%；车辆伤害、物体打击和高处坠落次之，分别共计32起、25起和22起。辽宁省地质条件相对较好，冒顶片帮出现频次较高可能是由于矿区所在地处于山脊两侧及平原丘陵交接的沟壑处，容易发生事故，也可能是

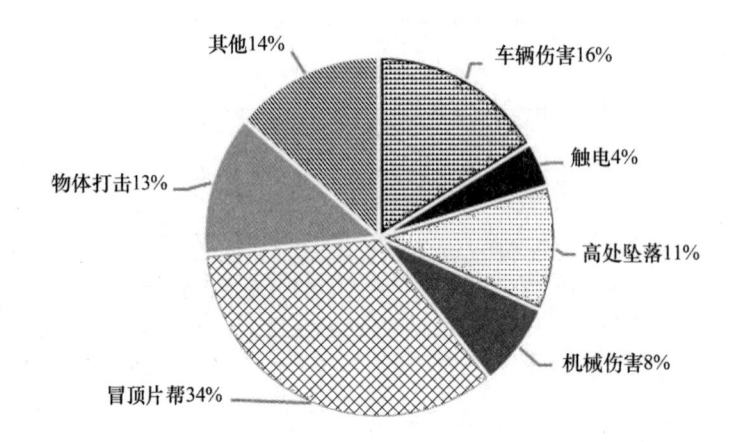

图3-11　辽宁省2012—2017年非煤矿山事故类型比重

数据来源：应急管理部。

当地政府和企业对于矿山巷道的安全管理有所欠缺导致。和其他地区不同，辽宁省坍塌型事故数量及死亡人数的绝对值和比重都较低，可能得益于当地政府及企业对采空区较好的管理，可作为参考对象。

表3-8给出了辽宁省主要事故类型占比及每起事故平均死亡人数的变化情况。整体看来各类型事故比重随时间变化均有波动，但冒顶片帮和车辆伤害型事故的比重一直较高；除了冒顶片帮外，其他事故类型的起均死亡人数基本保持在较低水平。和其他地区不同，辽宁省车辆伤害型事故的比重相对较高且较为稳定，为此可能需要进一步完善矿区车辆管理条例等安全措施。此外，鉴于冒顶片帮的高事故比重及相对较高的事故危害等级水平，矿山巷道安全管理可能是辽宁省政府及企业需要重点关注的。

表3-8　辽宁省2012—2017年非煤矿山主要事故类型变化情况

		2012	2013	2015	2016	2017
车辆伤害	事故数占比（%）	15.69	20.34	0.00	20.59	20.83
	起均死亡人数（人）	1.125	1	0	1	1
触电	事故数占比（%）	5.88	5.08	0.00	2.94	4.17
	起均死亡人数（人）	1	1	0	1	1
高处坠落	事故数占比（%）	11.76	8.47	19.23	11.76	8.33
	起均死亡人数（人）	1	1.2	1	1	1
机械伤害	事故数占比（%）	5.88	3.39	11.54	17.65	4.17
	起均死亡人数（人）	1	1	1	1.17	1
冒顶片帮	事故数占比（%）	31.37	37.29	30.77	26.47	50.00
	起均死亡人数（人）	1.25	1.09	1	1.11	1.17

续表

		2012	2013	2015	2016	2017
物体打击	事故数占比（％）	11.76	11.86	23.08	8.82	12.50
	起均死亡人数（人）	1	1	1	1	1

数据来源：应急管理部。

湖南省

湖南省2012—2017年加总的非煤矿山事故类型比重如图3-12所示。可以看出，冒顶片帮是出现频次最多的事故类型，远超其他事故类型，统计期间共计61起，占比达37%；物体打击和高处坠落次之，分别共计30起和17起。湖南省岩浆活动较为丰富，矿区普遍处在变质活动，因此矿种多种多样，但其地层构造格架较为复杂，这可能是冒顶片帮及坍塌型事故出现频次较高的原因。

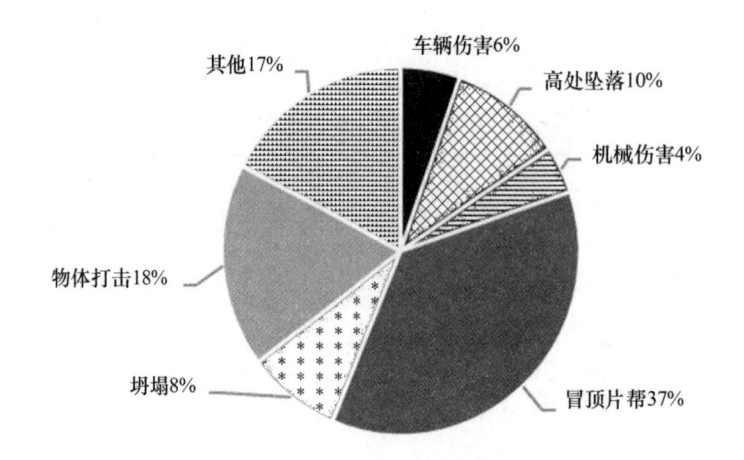

图3-12 湖南省2012—2017年非煤矿山事故类型比重

数据来源：应急管理部。

表3-9给出了湖南省主要事故类型占比及每起事故平均死亡人数的变化情况。整体看来大部分事故类型比重较为稳定,且起均死亡人数维持在较低水平。冒顶片帮和坍塌型事故数占比整体处于较高水平,且较大及以上事故发生的频次更高,起均死亡人数也超过平均水平;其中坍塌型事故的事故数比重有显著降低,但冒顶片帮型事故比重一直居高不下,是湖南省政府和企业需要投入更多精力去管理和预防的。

表3-9 湖南省2012—2017年非煤矿山主要事故类型变化情况

		2012	2013	2015	2016	2017
车辆伤害	事故数占比(%)	5.56	4.55	7.69	6.06	3.57
	起均死亡人数(人)	1	1	1	1	1
高处坠落	事故数占比(%)	11.11	11.36	3.85	12.12	10.71
	起均死亡人数(人)	1	1	2	1	1
机械伤害	事故数占比(%)	2.78	2.27	7.69	9.09	0.00
	起均死亡人数(人)	1	1	1	1	0
冒顶片帮	事故数占比(%)	25.00	34.09	38.46	33.33	57.14
	起均死亡人数(人)	1.33	1	1.1	1.09	1.125
坍塌	事故数占比(%)	34.09	6.82	7.69	12.12	3.57
	起均死亡人数(人)	1.25	1	1	1.25	2
物体打击	事故数占比(%)	30.56	22.73	11.54	12.12	7.14
	起均死亡人数(人)	1.09	1	1	1	1

数据来源:应急管理部。

湖北省

湖北省2012—2017年加总的非煤矿山事故类型比重如图3-13所示。湖北省的事故类型结构和湖南省有一定相似性,冒顶片帮是出现频次最多的事故类型,统计期间共计50起,占比达29%;高处坠落和物体打击次之,分别共计29起和28起。湖北省和湖南省同处长江中下游成矿带,地质构造特征有一定相似性,因此非煤矿山事故类似的分布及原因可能具有相通性。

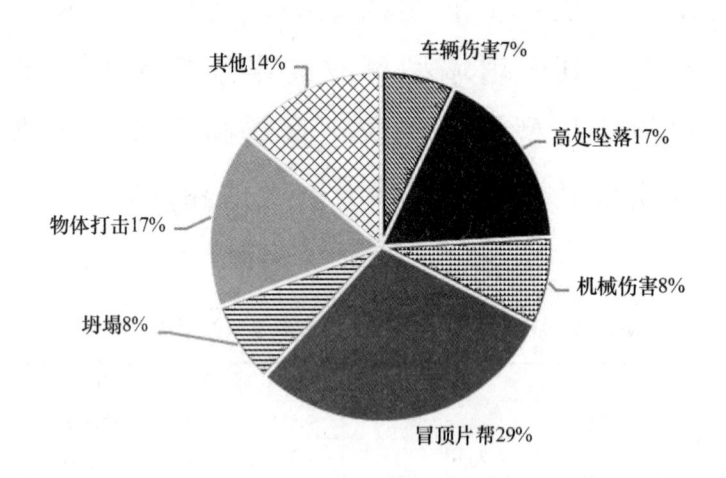

图 3-13 湖北省2012—2017年非煤矿山事故类型比重
数据来源:应急管理部。

表3-10给出了湖北省主要事故类型占比及每起事故平均死亡人数的变化情况。和湖南省不同,湖北省各类型事故占比随年份有较大波动,起均死亡人数的整体水平相比其他地区稍高,其中高处坠落和坍塌是起均死亡人数较高的两种事故类型。大部分类型事故的起均死亡人数均呈下降趋势,但坍塌型事故的起均死亡人数相对较高,较大及以上的事故发生数量也较多,表明湖北省政府及企业需要对采空区的安全管理做出更多的努力。

表3-10　湖北省2012—2017年非煤矿山主要事故类型变化情况

		2012	2013	2015	2016	2017
车辆伤害	事故数占比（%）	7.69	10.53	8.33	6.06	0.00
	起均死亡人数（人）	1	1	1	1	0
高处坠落	事故数占比（%）	13.46	13.16	45.83	15.15	4.35
	起均死亡人数（人）	1.14	1.2	1.45	1.2	1
机械伤害	事故数占比（%）	7.69	10.53	0.00	12.12	8.70
	起均死亡人数（人）	1	1	0	1	1
冒顶片帮	事故数占比（%）	38.46	21.05	0.00	30.30	52.17
	起均死亡人数（人）	1.3	1	0	1	1.08
坍塌	事故数占比（%）	3.85	15.79	4.17	6.06	17.39
	起均死亡人数（人）	1	2	2	2.67	3
物体打击	事故数占比（%）	21.15	18.42	12.50	9.09	17.39
	起均死亡人数（人）	1.09	1	1	1	1

数据来源：应急管理部。

3. 中国非煤矿山生产安全事故的行业规律

由于中国非煤矿山中各行业矿山等资源数量、企业数量有所不同，加上各种资源开采的条件与难度也存在差异，不同行业发生的生产安全事故的频次及事故等级也会存在差异性。本节将根据2001—2017年各行业生产安全事故起数及死亡人数数据分析中国非煤矿山事故发生的行业规律。图3-14和图3-15展现了各行业2001—2017年事故总起数及死亡人数的比重变化。可以发现，非金属矿种和有色金属矿种是中国非煤矿山生产安全事故发生的主体行业。其中，非金属矿种的累计事故总数和死亡人数最多，分别为10569起和12405人，占比达50.7%和47.2%；有色金属矿种次之，累计事故总数和死亡人数分别为 5750 起和 7534 人，占比分别为 27.6% 和 28.6%；石油和天然气行业累计事故总数和死亡人数最少，分别为 284 起和 539 人，比重为 1.4% 和 2%。

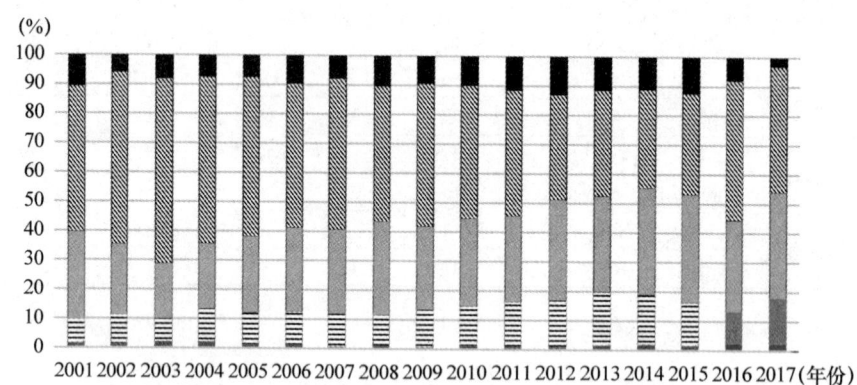

图 3-14　2001—2017 年中国非煤矿山事故发生总数行业分布

数据来源：应急管理部。

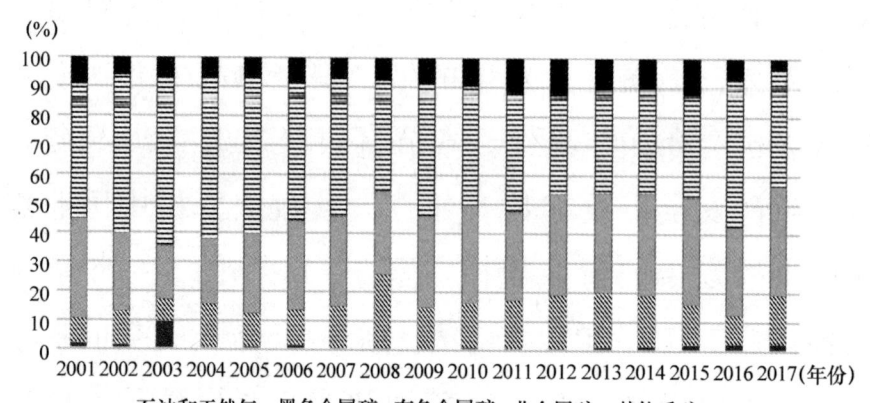

图 3-15　2001—2017 年中国非煤矿山事故死亡人数行业分布

数据来源：应急管理部。

通过比对图3-14和图3-15可以发现，事故总起数和总死亡人数的行业比重基本保持一致，但仍略有差别，这主要是由于各行业高等级事故发生率不同导致的。为了更好地分析各行业事故等级的发生规律及政府和企业为提高中国非煤矿山生产安全性所做出的努力，下文将从各行业高等级事故发生率的角度进行讨论。表3-11给出了各行业较大及重特大事故发生数及死亡人数占本行业所有事故总数及总死亡人数比重的情况。

作为事故发生的主体行业，非金属行业及有色金属行业的较大及以上事故发生比重并非所有行业最高：在"十五"期间和"十一五"期间，黑色金属行业的较大及以上事故发生比率最高；在"十二五"期间和"十三五"前两年，石油和天然气行业的较大及以上事故发生比率最高。黑色金属行业、有色金属行业和非金属行业的较大及以上事故发生比率整体呈下降趋势，且在进入"十三五"期间后均有较为显著的降幅。石油和天然气行业的较大及以上事故发生比率在"十二五"期间后反而有所增长，是因为其事故发生总数与较大及以上事故发生数的绝对值都较小，因此其比率可能会有较大波动，但整体而言较大及以上事故发生数呈下降趋势（"十五""十一五""十二五"期间和"十三五"前两年石油和天然气行业较大及以上事故发生数分别为4起、1起、2起和1起）。

考虑到各行业生产安全事故发生数的绝对值比重，数据可能反应出政府及企业采取抓住主要矛盾的方针：对于事故发生频次更多的行业投入了更多的精力去提高生产安全水平，使得这些行业的事故平均规模（等级）稳步降低，其安全生产水平变化表现更好。

表3-11　　　　中国非煤矿山各行业较大及重特大事故
发生数及死亡人数占比情况　　　　　（单位:%）

	"十五"期间		"十一五"期间		"十二五"期间		"十三五"前两年	
	事故占比	死亡占比	事故占比	死亡占比	事故占比	死亡占比	事故占比	死亡占比
石油天然气	2.50	4.07	1.54	3.95	5.26	42.22	4.76	12.00
黑色金属矿	7.37	20.60	5.90	12.75	4.92	16.33	3.64	12.50
有色金属矿	5.99	17.94	5.79	17.49	4.63	14.88	2.76	10.82
非金属矿	3.65	11.54	3.08	10.35	3.67	13.09	2.30	10.68
其他采矿	4.13	12.64	2.20	7.05	3.35	14.35	2.13	7.14

数据来源：应急管理部。

4. 中国非煤矿山生产安全事故的事故类型规律

本节利用2001—2017年的数据对中国非煤矿山生产安全事故类型规律进行分析。图3-16给出了2001—2017年中国非煤矿山各类型事故总数分布。物体打击是事故总数最多的事故类型，统计期间累计事故总数达到4227起，占比达到20.3%；冒顶片帮次之，累计事故总数为3954起，占比达19.0%；高处坠落与坍塌型事故总数均超过2500起，分别为3143起和 2791 起；其他统计期间累计事故数超过 1000 起的事故类型依次为放炮、机械伤害和车辆伤害。

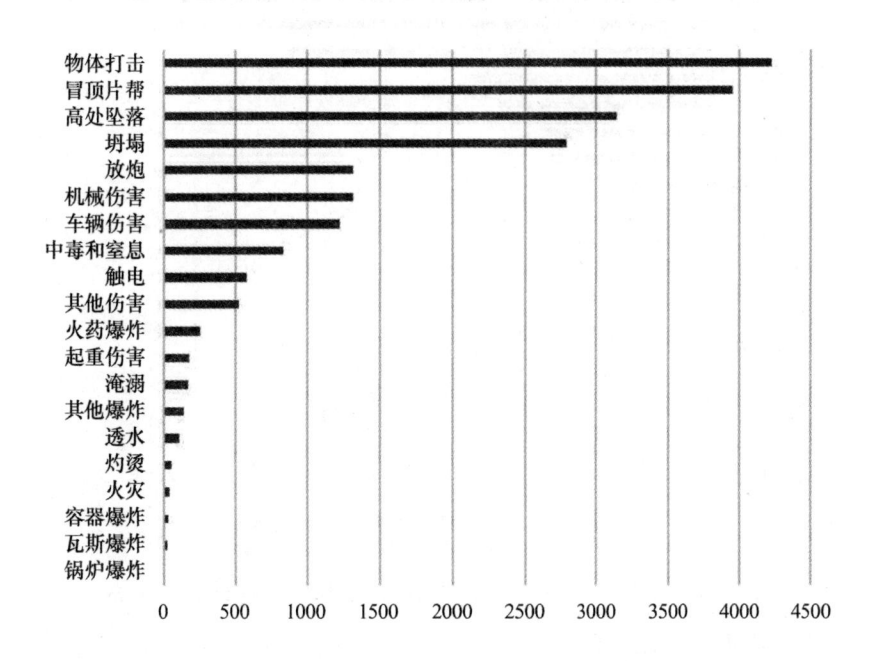

图 3-16　2001—2017 年中国非煤矿山各类型事故总数分布

数据来源：应急管理部。

可以看出，位于前四位的物体打击、冒顶片帮、高处坠落和坍塌型事故总数和其他事故类型数有明显差距，这四者的累计事故数量占比也达到了 67.7%，表明统计期间发生的非煤矿山事故大部分是这 4 种类型中的一种。

图 3-17 给出了 2001—2017 年中国非煤矿山各类型事故死亡人数分布。据图，可将各类型事故按死亡人数分为三个量级，分别是统计期间累计死亡人数 3000 以上的 4 个事故类型，累计死亡人数 1000—3000

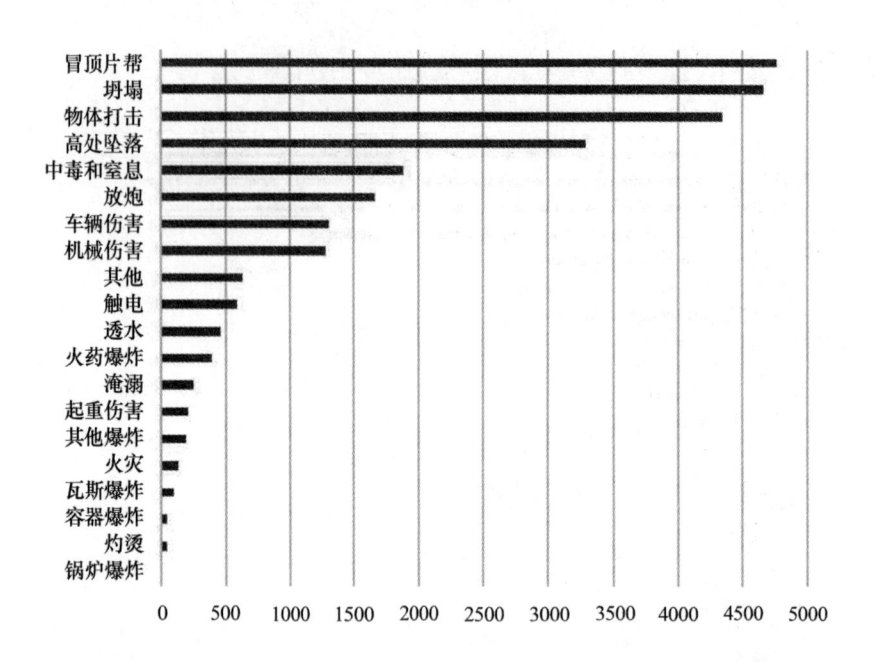

图3-17　2001—2017年中国非煤矿山各类型事故死亡人数分布

数据来源：应急管理部。

的4个事故类型以及累计死亡人数1000以下的其他事故类型。可以发现，各量间的数量差距较为明显。位于第一量级的4个事故类型同时也是事故总数最多的4个类型，但其具体顺位有所变化：冒顶片帮由第2位升至第1位，坍塌由第4位升至第2位；对于统计期间累计死亡人数达到1000的事故类型，中毒和窒息型的事故死亡人数顺位较事故数量顺位有明显上升，由第8位上升至第5位。这表明，冒顶片帮、坍塌和中毒和窒息型的事故起均死亡人数相较于其他类型事故更高，具体而言，其起均死亡人数分别为1.20人、

1.67人和2.27人。实际上，这几种类型在统计期间的累计较大及以上事故的数量也是最多的3个类型，分别为冒顶片帮137起，坍塌304起，中毒和窒息182起，占所有较大及以上事故比重分别为15.32%、34.00%和20.36%。

为了更好地考察不同类型事故数随时间变化的趋势，我们选取了累计死亡数超过1000的8种类型事故作为下文的研究对象。图3-18给出了这8个类型事故在2001—2017年事故发生数的走势。整体上看，和上文所分析的整体时间趋势一致，几乎所有类型事故的数于2003年达到最高值后下降，且在党的十八大后降至一个较低的水平。

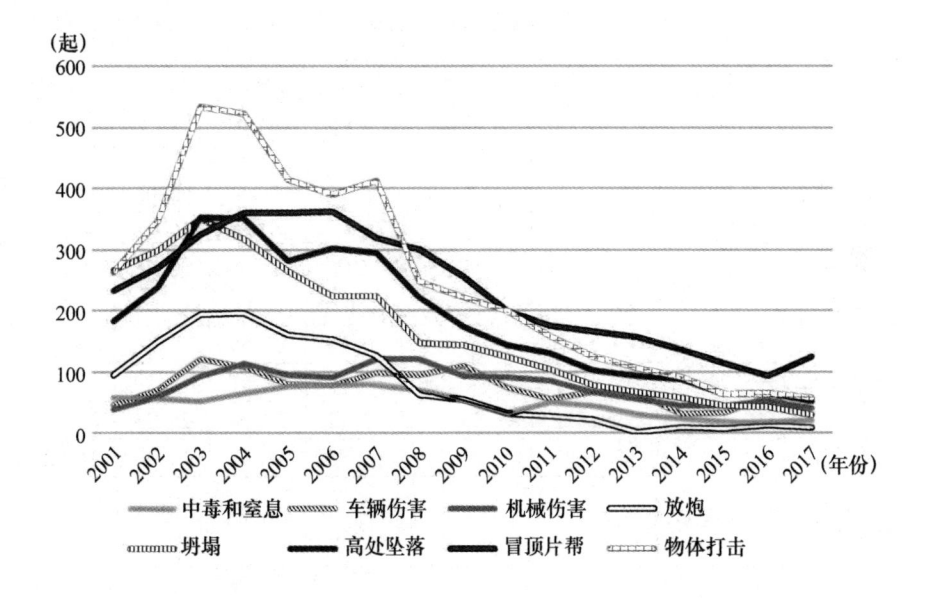

图3-18 2001—2017年中国非煤矿山累计死亡数超1000的类型事故数变化

数据来源：应急管理部。

表 3-12 给出了按"五年计划"区间划分的各主要事故类型的事故数及死亡人数占比的时间变化。在"十五"计划期间比重较高的类型事故的发生数都有较为显著的减幅,以物体打击型的事故数为甚;放炮、坍塌和物体打击型事故的发生数及死亡人数比重都呈稳定下降趋势,而车辆伤害、机械伤害和冒顶片帮型事故的发生数及死亡人数比重则有所上升。结合上文提及的较大及以上事故发生数及死亡人数最高的三个类型依次为坍塌、中毒和窒息与冒顶片帮,政府和企业需要更多地关注这几种类型事故的预防。

表 3-12　2001—2017 年中国非煤矿山累计死亡数超 1000 的类型事故及死亡占比　(单位:%)

	"十五"期间 事故占比	"十五"期间 死亡占比	"十一五"期间 事故占比	"十一五"期间 死亡占比	"十二五"期间 事故占比	"十二五"期间 死亡占比	"十三五"前两年 事故占比	"十三五"前两年 死亡占比
中毒和窒息	3.28	7.77	4.98	7.33	5.10	7.44	4.38	6.84
车辆伤害	4.53	3.73	7.16	6.13	7.82	6.99	10.25	9.02
机械伤害	4.29	3.07	8.16	6.35	9.15	7.69	10.71	9.12
放炮	8.50	7.98	6.75	7.09	2.07	2.43	2.53	3.57
坍塌	16.00	20.02	13.56	20.11	10.88	13.55	8.29	10.41
高处坠落	15.04	12.12	17.77	15.07	14.81	12.63	13.59	12.09
冒顶片帮	16.54	16.20	22.48	21.15	23.12	21.84	25.23	23.98
物体打击	22.22	17.82	23.08	18.79	16.85	14.45	14.29	11.99

数据来源:应急管理部。

联系第 2 节第 (3) 小节的分析可以看出,不同地区的事故类型发生数量及死亡人数的比重与其时间变化趋势与全国整体趋势存在差异，因此各地方政府和企业需要因地制宜地针对各种非煤矿山事故类型的特点制定符合当地规律的生产安全条例及措施。

5. 中国非煤矿山生产安全事故的诱因类型规律

本节将利用 2001—2015 年（其中 2005 年数据缺失）的数据对中国非煤矿山生产安全事故的诱因类型规律进行分析。图 3-19 展示了统计期间中国非煤矿山事故的诱因分布情况。可以看出，最常见的非煤矿山生产安全事故的诱因是"违反操作规程或劳动纪律"，在统计期间共有 6368 起事故由此原因导致，占到全部事故的 31.81%；"生产场所环境不良"也是造成事故的常见原因，在统计期间造成了 4899 起非煤矿山事故，占比为 24.47%。这两种原因导致的事故数远远高于其他原因导致的事故数量，是统计期间大部分非煤矿山生产安全事故的原因。"劳动组织不合理"和"技术和设计缺陷"引起的事故总数最少，分别为 263 起和 382 起。

各类型原因导致的死亡人数分布和事故总数分布情况较为接近，"违反操作规程或劳动纪律"导致的死亡人数最高，统计期间共有 8209 人死于此因，占全部死亡人数的比重为 32.29%；统计期间"生产场所环境不良"共导致 6061 人死亡，占比达 23.84%。

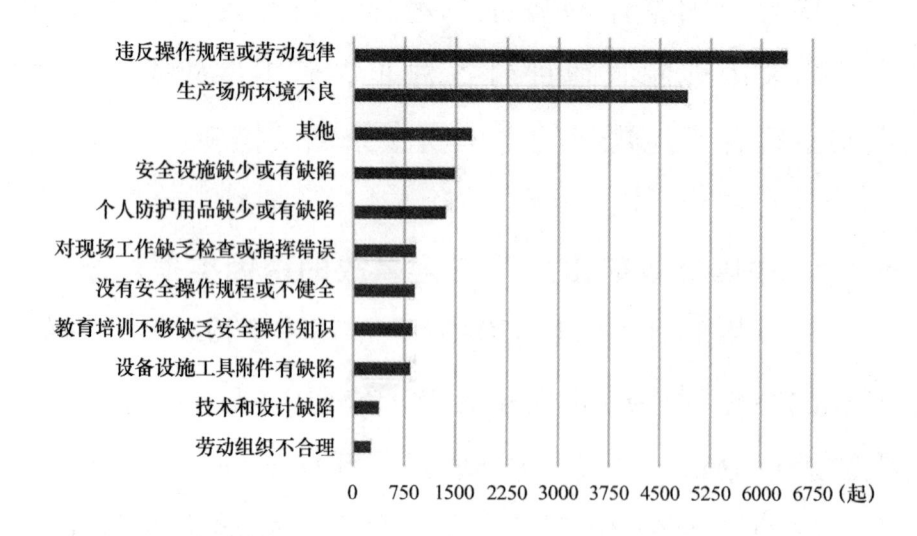

图3-19 2001—2015年中国非煤矿山事故诱因分布

数据来源：应急管理部。

表3-13给出了各类型原因导致的较大及以上事故数量及其占各类型原因导致的总事故数的比重，以及各类型原因导致的总事故数的起均死亡人数。可以发现，"生产场所环境不良"与"违反操作规程或不健全"不仅是导致较大及以上事故数最多的两项原因，同时也是占各自总事故数比重最高的两项：每100场由"生产场所环境不良"导致的非煤矿区事故，平均有24.2场为较大及以上事故；对于"违反操作规程或不健全"，这个比重为18.30%。两者的总起均死亡人数分别为1.23人和1.29人。这表明"生产场所环境不良"与"违反操作规程或不健全"不仅是造成非煤矿山事故最常见的原因，也是更容易造成更大损失的

原因。因此针对性地改善生产场所以及提高工人安全生产的意识是减少与预防中国非煤矿山生产安全事故的重要措施。

表 3-13　各类型原因导致的较大及以上事故数及其占比与总事故数的起均死亡人数

	较大及以上事故数	占总事故数比（%）	起均死亡人数
技术和设计缺陷	26	9.89	1.5
设备设施工具附件有缺陷	35	9.16	1.26
安全设施缺少或有缺陷	72	8.60	1.26
生产场所环境不良	211	24.20	1.23
个人防护用品缺少或有缺陷	38	4.23	1.10
没有安全操作规程或不健全	33	3.58	1.22
违反操作规程或劳动纪律	248	18.30	1.29
劳动组织不合理	11	0.74	1.26
教育培训不够缺乏安全操作知识	32	1.85	1.20
对现场工作缺乏检查或指挥错误	34	0.69	1.17
其他	135	2.12	1.51

数据来源：应急管理部。

此外，"技术和设计缺陷""设备设施工具附件有缺陷"和"安全设施缺少或有缺陷"导致的较大及以上事故数占各自总事故的比重和总起均死亡人数也较高，表明生产相关的安全性工具质量问题也是危害较大的原因类型，为此定期检查、及时换新也是政府和企业减少事故危害等级的有效手段。

为了更有针对性地分析不同类型原因导致的事故数及死亡人数随时间变化的情况，我们综合考察了常见程度（导致的事故数）及危害程度（较大及以上事故的比重）后，选取了"生产场所环境不良""违反操作规程或不健全""技术和设计缺陷""设备设施工具附件有缺陷"和"安全设施缺少或有缺陷"这5种原因类型作为分析对象。图3-20给出了这5种原因导致的事故数随时间变化的情况。

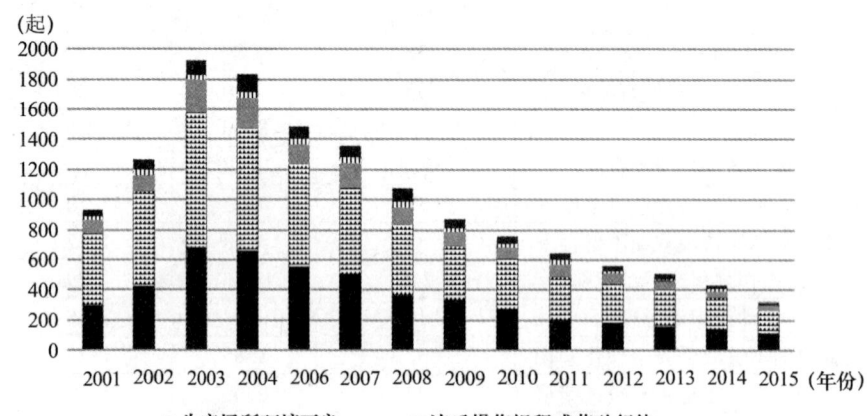

图 3-20 2001—2015 年部分原因导致事故数变化情况

数据来源：应急管理部。

和整体时间趋势相似，这5种原因导致的事故数在统计期间基本呈现先升后降趋势，且各类型原因导致事故数的比重基本不变。这表明政府和企业在针对各种原因类型事故的减少和预防上能够做到统筹兼顾。

6. 中国非煤矿山生产安全事故的经济类型规律

本节将利用2012—2015年的数据对中国非煤矿山生产安全事故的经济类型规律进行分析。图3-21给出了统计期间不同经济类型的企业事故总数的时间变化。可以看出，有限责任公司和私营经济是事故发生数比重最高的两个经济类型，统计期间事故发生总数分别为979起和737起，占比分别达到41.4%和31.2%；联营经济、港澳台投资和外商投资是事故发生数比重最低的经济类型，统计期间事故发生总数分别为3起、1起和1起。

从时间趋势上看，几乎所有经济类型的事故发生数整体都呈下降趋势。在事故发生数比重较高的经济类型中，集体经济是事故发生数整体下降速率最快的经济类型，统计期间平均每年下降38.4%；私营经济次之，平均每年下降26.89%；股份合作公司和股份有限公司的下降速率相近，平均每年下降14.44%和14.11%。

各种经济类型的企业事故发生数的具体变化趋势不尽相同。国有经济、股份合作和其他经济类型的企业事故发生数的变化存在波动；有限责任公司和集体经济呈现下降幅度先小后大的特点；私营经济和股份有限公司事故发生数则表现出下降速率先快后慢的

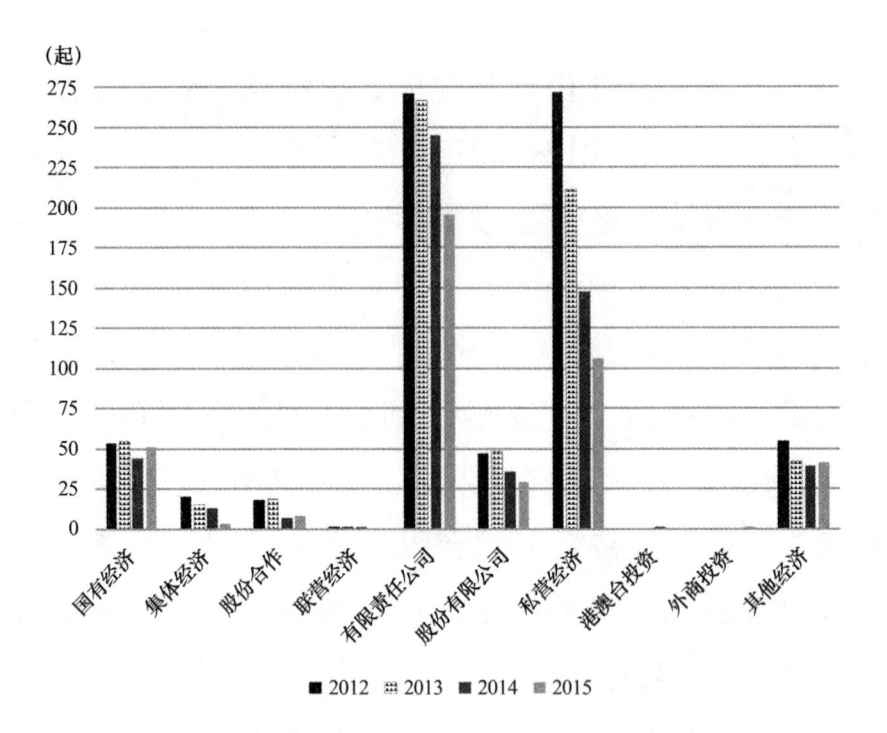

图 3-21 不同经济类型企业 2012—2015 年事故发生数变化

数据来源：应急管理部。

特征。

各种经济类型企业事故死亡人数的分布与事故发生数的分布及变化基本一致，在此不做详细分析。表 3-14 给出了事故发生数比重较高的部分经济类型企业在统计期间较大及重特大事故数占各自事故总数比重的变化情况。能够看到，较大及重特大事故的整体发生比率存在一定波动，不同经济类型间未呈现一致的变化趋势。

表 3-14　部分经济类型企业 2012—2015 年较大及以上

事故发生数占比变化

	2012	2013	2014	2015
国有经济	11.32%	5.45%	4.55%	5.88%
集体经济	20.00%	13.33%	0.00%	100.00%
有限责任公司	4.06%	3.00%	3.67%	5.10%
股份有限公司	6.38%	2.08%	0.00%	0.00%
私营经济	2.57%	2.84%	8.11%	4.72%
其他经济	9.09%	4.76%	2.56%	2.44%

数据来源：应急管理部。

（二）中国工业化进程与非煤矿山生产安全事故关系

以往研究表明，工业化不同阶段的特点可能会反映在生产安全事故指标上。为了探讨中国工业化进程与非煤矿山生产安全事故是否存在相关因果关系，本节参考第一章内容，选取了 2001—2017 年工业增加值、工业增加值增长率、第二产业对 GDP 贡献率、第二产业就业比重以及城镇人口比重作为衡量中国工业化进程的指标，并研究其与中国非煤矿山生产安全事故的关系。

表 3-15 给出了工业化指标和非煤矿山事故指标的相关系数。我们想探讨的是工业化进程与非煤矿山事故发生数与死亡人数之间的关系，因此前两列的相关系数是我们所关注的。据表，工业化指标和非煤矿

山事故的指标有较强的相关性，特别是工业增加值、第二产业就业比重和城镇人口比重三项。在统计期间（2001—2017年）中国工业化先后经历了市场化改革全面展开阶段、新型工业化发展推进阶段，现在正经历经济转型调整阶段。随着工业化进程的不断深入，中国工业生产从重"量"向重"质"改变，对安全生产也提出了更高的要求，这可能是工业化指标与非煤矿山指标呈现较为强烈的负相关关系的缘故。

表 3-15　　工业化指标和非煤矿山事故指标的相关系数

	事故总数	死亡人数	工业增加值	增加值增长率	第二产业产值比重	第二产业就业比重	城镇人口比重
事故总数	1						
死亡人数	0.9896	1					
工业增加值	-0.9097	-0.9374	1				
增加值增长率	0.8219	0.7913	-0.6925	1			
第二产业产值比重	0.6117	0.6063	-0.5817	0.7410	1		
第二产业就业比重	0.9183	0.9241	-0.8878	0.8770	0.6995	1	
城镇人口比重	-0.8729	-0.9084	0.9927	-0.6526	-0.5660	-0.8612	1

注：表中所报告的相关系数均在95%的置信水平上显著。

数据来源：应急管理部、国家统计局。

为了进一步考察上表所示的相关关系是否为因果关系，即非煤矿山的事故数量和死亡人数的整体下降趋势是否是工业化进程深入所造成的，下文将对其相关关系做出格兰杰因果检验，检验结果如表 3-16 所示。

表 3-16　工业化进程指标与非煤矿山事故指标的格兰杰因果检验

H₀：工业化进程指标不是非煤矿山事故指标的格兰杰原因						
事故指标	事故数量			死亡人数		
工业化指标	工业增加值	第二产业就业比重	城镇人口比重	工业增加值	第二产业就业比重	城镇人口比重
F 值	17.03	3.30	14.53	27.04	2.61	17.27
P	0.0006	0.0794	0.0011	0.0001	0.1223	0.0006
滞后阶数	2	2	2	2	2	2

数据来源：应急管理部、国家统计局。

该检验检验了相关系数较高的三个工业化进程指标（工业增加值、第二产业就业比重和城镇人口比重）与中国非煤矿山事故数量与死亡人数是否存在格兰杰因果关系。结果表明在85%的置信水平上我们可以拒绝原假设，即工业化进程加深是引起非煤矿山事故数及死亡人数变化的原因。具体而言，随着工业化进程的推进，非煤矿山事故的数量和死亡人数会呈现下降趋势。

（三）中国非煤矿山生产安全事故影响因素分析

本节将参考以往对矿山特别是非煤矿山事故领域

的研究，运用面板数据模型分析中国非煤矿山生产安全事故的影响因素。回顾本部分第（一）节第5小节的分析，根据中国非煤矿山生产安全事故发生的原因，我们将选取以下指标作为解释变量。

区域生产总值/人均生产总值对数：作为经济发展水平的指标。随着经济增长，当地政府及企业能够投入更多资金用以改善生产环境，有利于减少事故发生。

地区专利申请受理数对数：作为科技水平指标。一个地区的科技水平越高，开采技术可能越高，安全设施的保障效果可能会更好，有利于减少事故。

文盲率：作为工人素质指标。文盲率越低的地区工人整体受教育水平越高，掌握安全生产技术的可能性越高，也可能有更高的安全意识。

地质灾害预防项目投资对数：作为当地应对地质劣势的力度。事故类型中占有较大比重的冒顶片帮与坍塌和当地地质条件有关，地质灾害预防项目投资越高，应对地质劣势的能力更强，有利于减少事故发生。

工业增加值对数：作为工业化进程指标。根据本部分第（二）节的分析，中国非煤矿山的事故数及死亡人数一定程度上受到工业化进程的影响。

表3-17 影响中国非煤矿山事故的因素

	（1）事故总数	（2）事故总数	（3）死亡人数	（4）死亡人数
区域生产总值对数	16.1863 (1.43)		11.0721 (0.58)	
人均生产总值对数		-9.7329 (-0.79)		-19.2900 (-0.93)
地区专利申请受理数对数	-12.7055*** (-3.61)	-7.5676** (-2.20)	-16.6369*** (-2.80)	-10.8348* (-1.87)
文盲率	50.5747 (0.84)	55.5845 (0.92)	28.61391 (0.28)	30.2167 (0.30)
地质灾害预防项目投资对数	3.5665*** (3.38)	4.0832*** (3.96)	2.8603 (1.60)	3.3674* (1.94)
工业增加值对数	-40.31844*** (-4.55)	-23.3536** (-2.49)	-26.8979** (-2.46)	-17.0574 (-1.08)
固定效应	是	是	是	是
常数项	302.6529	358.38	376.5783	454.2366
观测值数量	335	335	335	335
R^2	0.6450	0.6433	0.4773	0.4782

注：括号内为t统计量；***、**、*分别表示系数在1%、5%和10%水平上统计显著。

数据来源：应急管理部、国家统计局。

表3-17报告了面板数据回归的结果。可以发现，经济发展水平的指标及文盲率对中国非煤矿山事故发生数的解释力较低，表明这两者对非煤矿山事故的影响机制可能不成立。地区专利申请受理数对数的系数为负，且整体较为显著，表明科技水平因素对非煤矿山事故数有一定解释力，发展当地科技水平有利于减少非煤矿山事故数量及死亡人数。地质灾害预防项目投资对数回归系数对非煤矿山的事故数有一定的显著

性，但其系数为正，与预期相反。这可能是由于地质灾害预防项目投资虽然能反映当地应对地质灾害的力度，但同时也是当地地质灾害严重程度的表现，即只有当地地质灾害较为严重时，各界才会行动发起地质灾害预防项目。从这个角度出发，可以将此项影响机制解读为：地质条件是影响非煤矿区事故的因素，地质条件较差的地区事故发生概率更高。该机制可以作为上文事故类型规律分析的支撑证据。工业增加值对数的系数为负，和本部分第（二）节的分析结果吻合，表明推进工业化进程有利于减少非煤矿区事故的发生。

四 发达国家非煤矿业发展与生产安全事故"脱钩"的机制分析

一般而言,矿业的发展对应的是生产安全事故同步增加,然而要实现矿业发展的同时伴随生产安全事故降低的"脱钩"关系,则需要选择有利于此目标实现的有效机制。本章研究基于历史的视角重点考察了美国和澳大利亚昆士兰州非煤矿业发展与生产安全事故之间关系的演变情况,发现两者之间存在明显的"脱钩"关系的特征事实。由此来看,"脱钩"演进的路径具有可选择性,即可以通过机制选择来推进"脱钩"进程。本部分首先结合美国和澳大利亚矿业安全事故的时间序列数据,分析两国非煤矿业发展与生产安全事故的历史演变。其次基于美澳两国"脱钩"的特征事实肯定了机制选择的重要性,着重对两国选择机制的重要内容进行分门别类的归纳分析。最后结合美澳两国成功有效的机制选择,提出可以借鉴的经验启示。

(一) 发达国家非煤矿业发展与生产安全事故"脱钩"的特征事实

1. 美国非煤矿业安全生产情况的历史回溯

(1) 美国 20 世纪早期的非煤矿业安全生产情况

20 世纪前 30 年,美国煤矿的安全状况不容乐观,年均事故死亡人数在 2000 人以上(庾莉萍,2006)。相比于煤矿安全形势的不乐观,自 1869 年美国开始对非煤矿难事故进行登记以来,长期由美国内政部下属的矿务局(the Bureau of Mines)按时间顺序登记的非煤矿山(金属和非金属矿山)生产中死亡人数为 5 人或 5 人以上的事故表明,非煤矿区生产安全事故在 20 世纪初期同样不乐观。从表 4-1 可以看出,1869—1945 年美国每 10 年的非煤矿山重大安全事故数和死亡人数呈现出明显的"先上升、后放缓"的走势,其中事故最多、死亡人数最多的时期集中在 20 世纪前 30 年,从美国矿务局的统计来看,1916—1925 年有多起事件死亡人数都超过了 40 人,如 1917 年美国蒙塔纳州发生严重的非煤矿区安全事故,在井下作业的 410 人中,有 163 人遇难;1922 年加利福尼亚州发生的矿山岩石塌方事故,造成 47 人死亡;1924 年明尼苏达州矿山因水渗漏塌方造成41人死亡。由此来看，20世纪初期美国的非煤矿区生产的安全形势并不乐观，非煤矿业发展与生产安全事故具有明显的同步性，表现为矿产资源丰富的州的事故发生次数和死亡人数明显高于其他州。以金、银、铜、煤、石油和天然气等矿产资源丰富的蒙塔纳州为例，在1869—1945年共发生14起非煤矿区安全事故，占统计期间事故总数的15%，其中死亡人数达到275人，占比为22.3%。

表4-1　　1945年以前美国非煤矿山每10年间重大灾难事故及伤亡情况（5人或5人以上）

年份	灾难事故	死亡人数
1869—1875	4	54
1876—1885	4	28
1886—1895	9	120
1896—1905	10	129
1906—1915	30	307
1916—1925	15	378
1926—1935	10	109
1936—1945	12	107
总计	94	1232

资料来源：John Hyvarinen, Leland H. Johnson, and D. O. Kennedy, *Major Disasters at Metal and Nonmetal Mines and Quarries in the United States*, April 1949.

（2）美国非煤矿业发展与生产安全事故"脱钩"事实

美国内政部下属矿务局（1996年被撤销）在早期就注重对非煤矿区生产安全事故的所有原因进行详细

的记录以提高管理的针对性，减少事故发生次数（John Hyvarinen et al.，1949）。自1977年美国联邦政府颁布旨在规范和促进矿业安全与健康事业的《联邦矿业安全与健康法》，并授权归属于劳工部的矿山安全和健康监察局（MSHA）负责矿山安全与健康方面的监察工作以来，美国矿山安全生产进入事故稳定下降的低位波动阶段（吴大明，2017）。

根据美国MSHA发布的1900—2016年美国非煤矿山事故及死亡情况的时间序列数据来看，美国非煤矿山安全生产形势在20世纪80年代以来明显改善，表现为5人及5人以上死亡的安全事故基本保持在零发生状态（如图4-1），这种安全形势明显好于同期的煤矿生产（如图4-2）。从近年来的情况来看，美国非煤矿山发展与生产安全事故"脱钩"的事实也较为充分。2006—2015年，矿山死亡人数年均为48人，而非煤矿山死亡人数年均为8人，只有2007年和2014年死亡人数超过10人，整体来看，10年间非煤矿山死亡人数保持低位水平。以2015年非煤矿山为例，当年美国在营金属矿山企业为315家，其中地下生产企业为92家，地面生产企业为223家；非金融矿山企业为924家，其中地下生产企业为44家，地面生产企业为880家。在共计1239家的经营企业中，当年非煤矿山事故的死亡人数为7人，其中地下作业死亡3人。

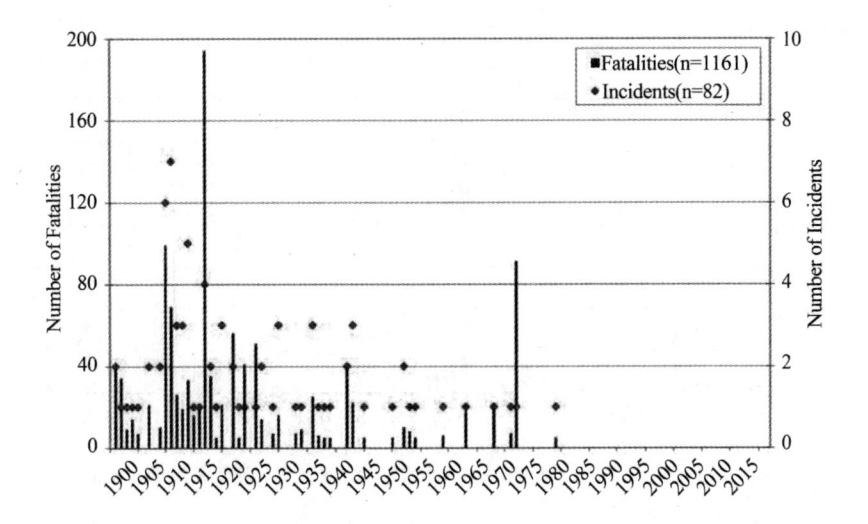

图 4-1　1900—2016 年美国非煤矿山事故及死亡（5 人或以上）情况

资料来源：MSHA（https：//www.cdc.gov/niosh/mining/statistics/allmining.html）。

注：非煤矿山为金属和非金属矿山，包括金属、非金属、石头和砂砾石矿。

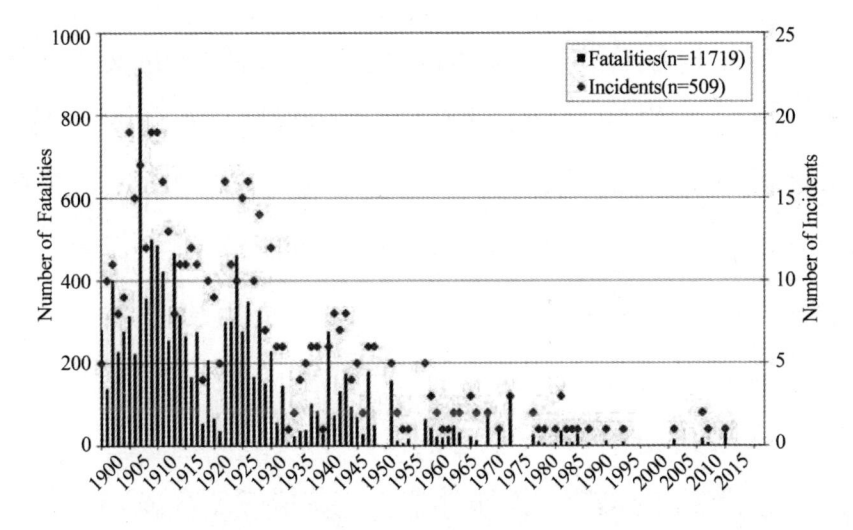

图 4-2　1900—2016 年美国煤矿事故及死亡（5 人或以上）情况

资料来源：MSHA（https：//www.cdc.gov/niosh/mining/statistics/allmining.html）。

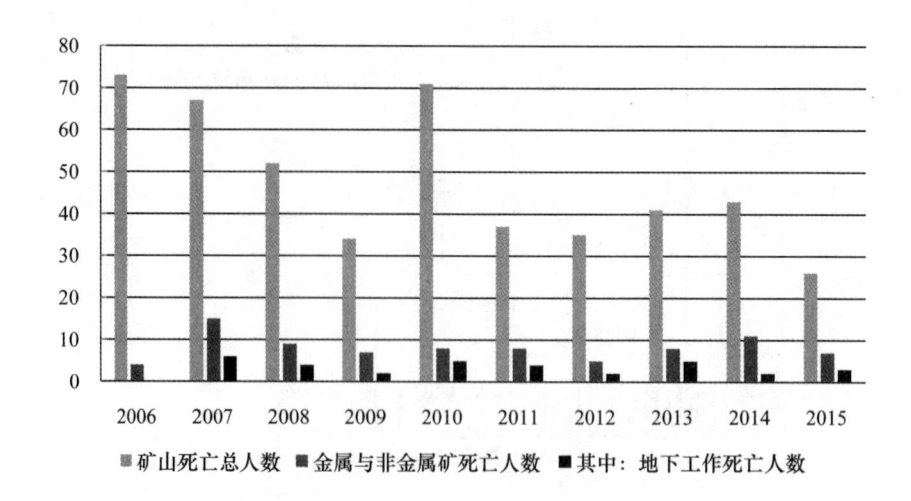

图 4-3 2006—2015 年美国矿山和非煤矿山死亡人数情况

资料来源：MSHA（https://www.cdc.gov/niosh/mining/statistics/allmining.html）。

2. 澳大利亚非煤矿山发展与生产安全事故"脱钩"事实

澳大利亚作为联邦制国家，其采矿业的安全与健康工作由各州和区政府设置专门的部门来负责。作为澳大利亚第二大州的昆士兰州，矿产资源极为丰富，煤炭和有色金属矿藏储量居澳大利亚前列，矿产产量占澳大利亚全国的四分之一左右。从历史上看，在昆士兰州矿业发展的同时，其矿山生产安全问题也比较突出，尤其是在20世纪前20年。1921年昆士兰发生一起严重的煤尘爆炸事故，造成75名矿工死亡。这起重大事故使得昆士兰政府加强了对矿业安全问题的管理力度，随后矿山生产安全事故死亡人数明显大幅下降，虽然之后会偶尔出现重大死亡事故，但整体

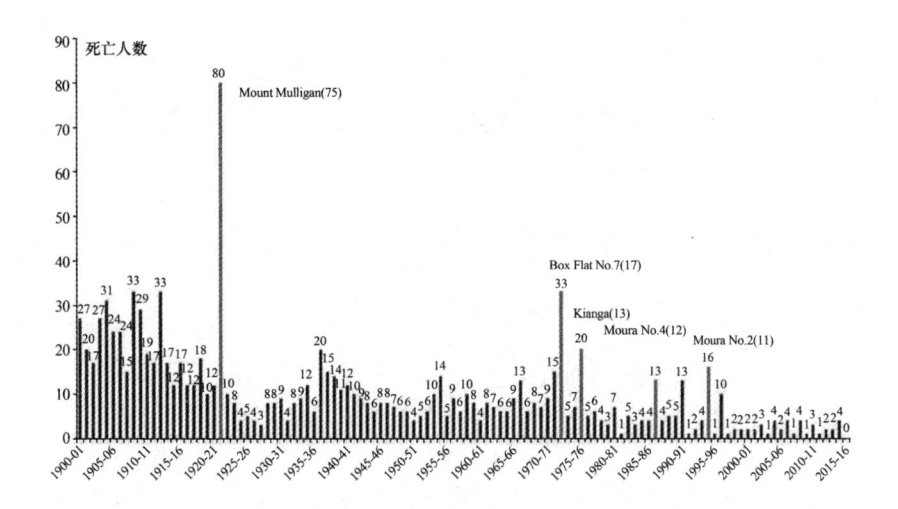

图 4-4　1900—2015 年昆士兰州矿山安全事故及死亡人员情况

资料来源：Queensland Mines and Quarries Safety Performance and Health Report（1 July 2015 – 30 June 2016），年份后的数字表示柱状图序号。

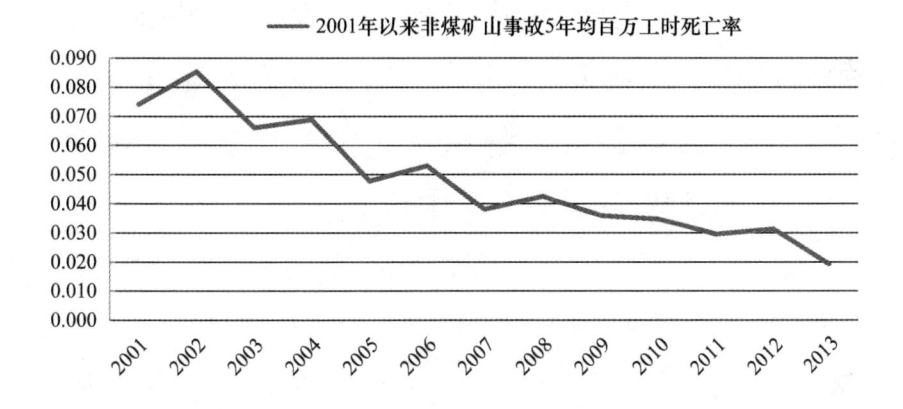

图 4-5　2001—2018 年昆士兰非煤矿山事故 5 年均死亡频率情况

资料来源：2017 – 18 Data for the Queensland Mines and Quarries Safety Performance and Health Report。

来看，人员死亡人数均保持在较低水平，尤其是进入 21 世纪以来，人员死亡人数保持在 1—2 人的极低水平，2015 财年实现了"零死亡"的历史突破。从非煤矿山安全生产情况来看，1999—2000年度至2008—2009年度的10年间，澳大利亚采矿业中，金属非金属矿山工伤事故百万工时死亡率平均值为0.06，2008—2009年度百万工时死亡率为0.02，大大低于平均值；2000—2001年度地下金属矿山百万工时死亡达到最高值0.40，而2003财年地下金属矿山实现"零死亡"，2009和2011财年金属矿山均实现"零死亡"。2001年以来，非煤矿山事故5年均百万工时死亡率呈现出稳步下行的态势，死亡率由2001—2006年的0.074下降到2013—2018年的0.019，基本为"零死亡"。接近于"零死亡"的安全生产表现为重大安全事故发生次数的大幅减少，从表4-2可以看出，无论是重大安全事故发生次数还是重大隐患及误工工伤次数，非煤矿山生产安全形势均好于煤矿生产。

表4-2　2015—2017年澳大利亚昆士兰矿业安全与健康情况

安全事件	重大事故发生次数			重大隐患事故次数			误工工伤次数		
年份	2015	2016	2017	2015	2016	2017	2015	2016	2017
露天煤矿	28	32	50	1193	1240	1404	123	141	164
井工煤矿	26	28	27	307	304	372	79	93	63
煤矿总计	54	60	77	1500	1544	1776	202	234	227
露天金属矿	3	2	8	152	163	180	40	32	31
井工金属矿	7	7	4	127	112	128	23	20	17
金属矿总计	10	9	12	279	275	308	63	52	48
采石场	1	6	5	54	69	80	11	23	17
采矿业合计	65	75	94	1833	1888	2164	276	309	292

资料来源：2017-18 Data for the Queensland Mines and Quarries Safety Performance and Health Report。

（二）发达国家非煤矿业发展与生产安全事故"脱钩"的形成机制

1. "脱钩"演进的路径具有可选择性

从美国和澳大利亚矿山安全生产的时间序列数据来看，非煤矿业发展与事故死亡人数存在明显的"脱钩"事实，其中美国5人及以上死亡事件已保持多年的零记录，而澳大利亚昆士兰州在整体死亡人数保持极低水平的同时，更是在若干年份创造了"零死亡"。从历史上看，美国和澳大利亚非煤矿业发展与生产安全事故"脱钩"并不是"先天如此的"，而是逐渐演进的。20世纪初期美国非煤矿山安全事故发生次数和死亡人数都处于比较高的水平，随后到20世纪中后期，尤其是20世纪70年代后，发生5人及5人以上死亡的生产安全事故数已经为零，进入21世纪，死亡人数进一步下降，2006—2015年，矿山死亡人数年均为48人，非煤矿山死亡人数年均仅为8人，而且在此期间，只有2007和2014年死亡人数超过10人。在2015年共计1239家非煤矿经营企业中，因事故死亡的人数为7人，平均每家企业死亡率为0.0056，充分证明了非煤矿业发展完全可以与生产安全事故"脱钩"。澳大利亚昆士兰州与美国"脱钩"

的演进轨迹极其相似,在当前澳大利亚成为全球重要的矿产资源出口国的背景下,澳大利亚重大安全事故却在大幅减少,死亡人数在一些年份为零,同样证实了非煤矿业发展与生产安全事故并不存在必然的同步性,而是可以完全"脱钩"。由此来看,非煤矿业发展与生产安全事故是可以"脱钩"的,换言之,"脱钩"演进的路径具有可选择性。汪文广(2015)指出,澳大利亚之所以是全球矿山生产安全事故死亡率最低的国家之一,有法律法规建设、建立安全监管模式和企业自我管理三方面原因。吴大明(2017)指出,自1977年《矿山安全健康法(1977)》颁布和矿山安全健康监察局(MSHA)成立以来,美国矿山生产进入事故数稳定下降的低位波动阶段。可以说,近年来,美国矿山安全生产形势持续稳定好转,生产安全事故起数及伤亡人数逐年下降,主要得益于美国矿山安全健康监察局(MSHA)采取的一系列行之有效的对策措施及矿山安全监察体制机制创新(王敏,2017)。综上研究不难发现,美国和澳大利亚非煤矿山发展与生产安全事故"脱钩"在可行的机制作用下是可以实现的,由此来看,形成旨在推进"脱钩"的创新机制在非煤矿业甚至矿业发展中都是十分重要的,也是十分必要的。

2. 美国和澳大利亚推进"脱钩"演进的机制选择

本小节将根据制度经济学"制度——个人选择（行为）——绩效"的研究范式，围绕着美国和澳大利亚等国家推进非煤矿业发展和生产安全事故"脱钩"的目标导向，重点对美国和澳大利亚两国推进"脱钩"的机制选择进行分析。

（1）明确的"脱钩"目标导向：非煤矿山安全事故死亡最小化

矿山安全生产对任何国家都意义重大。为了保障矿山生产安全和矿工身心健康权益，各个国家都在以不同形式或方式来推进矿山安全事故死亡最小化和灾难事故零发生这一战略性目标。虽然它们在不同阶段会选择实现某一具体矿业生产部门零伤害的目标，但其终极目标仍是实现矿山安全事故死亡最小化甚至零伤害。作为最早进行矿业现代化生产的发达国家英国，在其1974年颁布实施的《职业安全健康法》（Health and Safety at Work Act 1974）的第一部分就明确了立法的目标就是：保证工作人员的健康、安全、福利；保护人员，而不止工作人员，免受由于工作人员行为造成的危险；控制易爆、易燃或其它危险物质的保存和使用等。出于矿难搅动社会敏感神经和矿业生产的现实必要性，美国联邦政府明确提出其矿业生产的奋斗目标就是实现零伤亡（王昊，2017年）。作为矿产资源生产大国，澳大利亚各州政府从1994年开始就始终将风险管控作为主要内容，制定本地区的采矿安全的相关法律法规（汪文广，2015）。例如，澳大利亚昆士兰州负责管理本州矿山安全与健康工作的自然资源与矿山部（Department of Natural Resources and Mines）明确提出，其工作目标就是帮助采矿业实现零伤害。由此来看，各国政府均把积极追求并实现矿山生产安全零伤害作为目标，深刻体现了在此目标背后映射出的"以人为本、生命安全第一"的矿业发展理念。追求零伤害的目标导向也为切实履行矿业安全生产和考评矿业安全生产绩效表现提供了准绳，有利于倒逼各个主体承担起安全生产、监督检查等工作的责任感。

（2）统一有效、层次清楚、配套完善的法律法规体系

鉴于各国国家政治制度的差异性，法律制定和修改的主体、法律管理对象和法律层次等均存在明显不同，但整体来看制定并不断完善矿山安全生产管理法律体系是各国普遍的做法（如表4-3所示）。一是既有联邦层面的统一法律体系，又有地方政府层面的法规和配套细则。同样作为联邦制国家的美国和澳大利亚在立法主体和法律层次上存在明显的差异。具体来看，美国在联邦政府层面制定了《1977年联邦矿山安全与健康法》，以及于2006年进行修正的《2006年矿山改进与新应急反应法》（MINER Act of 2006），用来规范和促进美国矿业安全与健康事业。联邦法律授权联邦矿山安全与健康监察局（MSHA）来贯彻执行上述法律，并根据实际情况需要对相关法律进行修正。澳大利亚则更重视矿山的属地性管理，明确规定，采矿业安全与健康工作由各州和区政府设置的部门负责，并由其制定法规、组织实施及政策研究。但强调各州须遵循联邦法律制定本州法律。以矿山企业为例，它们必须首先执行联邦《职业健康与安全法》，同时还要执行州议会通过的《矿山安全法》，以及州矿产资源局制定的行政规章和实施细则以及操作规程。在侧重地方加强立法管理矿业生产上，加拿大与澳大利亚具有明显的相似性。二是法律体系层次分明，操作性较强。一般而言，基本法明确基本原则，行政法规明确细节和实施规定，行动指南则加强法规的可操作性。英国职业安全健康法规体系分为：法案（Act）、法规（Regulation）、准则或规范（Codes of Practice）和指南（Guidance）四个层次。自1974年法案之后，英国先后颁布了200多部健康安全方面的法案和条例，170余项健康安全行政指导文件，以及500多个操作指南，内容涵盖了防火安全、建筑施工安全、机械安全、高空作业安全和核安全，等等。无独有偶，美国近年来在矿山职业安全健康法律法规建设方面也有很多举措，

MSHA每年都会根据安全生产发展的经验教训来修改完善相关法规,大大提高了法律的实用性。三是注重完善配套法规制度,形成完善的法规体系。以南非为例,南非在《矿山健康安全法》的基础上,相继发布了配套规章,如矿山健康安全规程、各类矿山安全生产指南,逐步形成了较完善的矿山安全生产法规体系。相关研究指出,得益于1996年颁布实施的《矿山健康与安全法》,南非矿山死亡率持续稳步下降,矿山事故的百万工时死亡率从1995年的1.02下降到2010年的0.12,金属矿死亡人数也由2001年的近200人稳步下降到2010年的50人左右。

表4-3　主要国家矿山安全法律与管理机构情况

国家	管理机构	法律法规
美国	矿山安全与健康监察局(MSHA)	《1977年联邦矿山安全与健康法》、《联邦法典》"矿山资源卷"、《2006年矿山改进与新应急反应法》(MINER Act of 2006)
澳大利亚	澳大利亚采矿业的安全与健康工作由各州和区政府专门设置的部门负责,包括新南威尔士州矿物资源部(DMR)、昆士兰州自然资源与矿山部(NR&M)、西澳大利亚州矿物能源部、南澳大利亚州矿山与能源部、维多利亚州矿物与石油部、北部区矿山与能源部、塔斯马尼亚州矿物资源部	1984年《职业安全卫生法》、1994年《矿山安全卫生法》和1999年《矿山安全和健康法案》以及矿山安全法规
德国	国家矿山管理局	《采矿法》《职业安全法》等

续表

国家	管理机构	法律法规
英国	健康与安全执行局	1951年《矿业工作法案》、《职业安全健康法案1974》、《职业安全健康管理条例》
加拿大	各省政府对其管辖内的矿产资源拥有所有权并负有制定法律并实施管理的责任	在遵循联邦关于矿产资源管理法律的基础上,各省可以制定其辖区内的法律,如安大略省颁布了《矿业法》《石油、天然气和盐类资源法》和《集料资源法》
南非	矿山健康与安全监察局	1993年《职业健康与安全法》、1996年《矿山健康与安全法》

资料来源：根据公开资料整理所得。

整体来看,美国、澳大利亚以及其他国家均有着比较完善的矿山安全法律体系,而且立方层次高、权威性强,法律体系严密、完整,法律条款明确,操作性强,技术规程、标准均在法律中得到体现。

(3) 监管主体责权清晰和有效的奖惩激励约束机制

"零伤害"目标能否实现,法律实施效力如何,关键在于有没有有效的监管制度。从目前来看,澳大利亚和美国等国家基本形成了一套有效的矿山安全生产监管制度体系。具体来看:一是责任主体分工明确,权责义务清晰。例如,澳大利亚联邦于2013年制定的《工作场所健康和安全法》详细规定了公司的管理层、安全健康专员、工人的相关责任,明确了联邦政府、州政府、地区政府、监察员、工作场所和操作人员的监管要求。此外,澳大利亚各州政府通过建立综合的风险控制系统,理顺了企业安全健康管理人员和政府安全健康监管人员的职责,杜绝了发生事故后,企业和政府之间的推诿和扯皮。美国矿业法案规定MSHA检查员应每年至少检查每个露天矿山两次、每个地下矿山4次,以确定这些矿山是否遵守健康和安全标准。在以法律明确不同主体责任义务的同时,美国MSHA也通过机构设置来清晰界定不同机构部门的责任权限。例如,MSHA不仅设置了煤矿安全健康司和非煤矿山安全健康司,而且基于小型矿山安全工作需要,成立了小型矿山办公室。

二是明确生产单位对安全生产进行自我管理和自我负责。从澳大利亚安全生产责任主体的变化情况来看,近年来其在法律层面已明确了安全生产应以关爱责任和全部由企业进行自我风险管理为主。1994年以前,采矿法规是以服从命令为基础的,如果公司达到了法规确定的标准,即判定为安全的公司,发生事故也没有责任(汪文广,2015)。1994年进行改革以后,采用罗本斯式的关爱责任模式,引入了各司其责的原则,简言之,即安全管理是企业行为,安全监察和指导为政府职能。发生矿山安全事故,由企业承担全部责任,这有利于改善外部监管信息不对称的问题,增强生产企业自我管理和自我负责的安全生产意识,自觉提高其安全生产的主动性和积极性。

三是更加重视监察执法人员的业务能力和水平，形成监察员公平公正独立执法的激励机制。美国、澳大利亚、南非等国家的非煤矿山安全监察工作，在机制上防止监察人员与矿主、地方政府形成共同利益同盟，同时监察人员素质普遍较高，经验丰富，工资待遇优厚，能独立客观、科学公正地依法进行监督和检查，监察效益高。例如，澳大利亚的矿山监察员往往都担任过矿山企业的高级管理人员，其经济待遇与在矿山企业中差别不大（汪文广，2015）。此外，随着矿山生产专业技术水平的提升，为了更好地开展执法监察工作，提高监管的有效性和针对性，澳大利亚安全管理部门已根据不同行业情况设立了普通监察员和特别监察员，其中后者主要针对设备、电气等专业性较强的领域开展安全监管工作。

四是加大对违法违规行为的惩处力度，打击安全生产中的"机会行为"。目前，美国 MSHA 基本形成了一套包括民事罚款、严重违法处罚、故意违法处罚、多次违法处罚和歧视矿工处罚等在内的监察执法方案，有效打击了矿山企业的违法行为（吴大明，2017）。与此同时，为了避免矿山企业逃避违法行为处罚的机会行为，美国和澳大利亚都更倾向于加强对多次违规违法行为的严惩，约束其不敢也不愿再次知法犯法。例如，西澳大利亚州根据《2004 年矿山安全监察修正案法》，基于四种不同的违法违规等级，大幅提高了矿山重复违规行为的罚金标准，如表4-4所示。美国统计数据显示，自《矿山企业职业安全健康多次违法处罚最终规定》有效实施以来，矿山安全监察的处罚数量下降了50%，矿山生产安全事故同样大幅下降（王敏，2017）。

表4-4　　　　　西澳大利亚州矿山违规处罚标准　　　（单位：万澳元）

等级	雇员		雇主			
			个人		公司	
	第一次	重复违规	第一次	重复违规	第一次	重复违规
等级1	0.5	0.625	2.5	3.125	5	6.25
等级2	1	1.25	10	12.5	20	25
等级3	2	2.5	20	25	40	50
等级4	2.5	3.125	25 监禁2年	31.25 监禁2年	50	62.5

资料来源：根据公开资料整理所得。

（4）事后被动监管走向更加重视风险管理和全周期主动监管

"处处救火"的事后监管很容易陷入"按下葫芦起了瓢"的无效监管陷阱中，无助于实现非煤矿山生产安全"零伤害"的目标。被动监管的弊端倒逼监管体制机制的创新，从而加强对矿山安全生产工作关键环节和重点部位的监察执法，其中美国MSHA2010年推出的分类分级监察制度就是这方面的具体体现。与此同时，澳大利亚采矿法规也更加强调健全风险管理、安全管理体制的重要性，为降低安全事故的事前风险管理也成为完善监管方式的重要内容。整体来看，目前主要发达国家更加重视主动监管，以尽可能地减少安全事故的发生。

一是事前坚持严格的准入要求。例如，澳大利亚矿山安全监察局对企业的雇主、各级管理人员和高风险工种的雇员，都定期进行强制性的安全培训，培训后经考试合格发给证书，方能上岗作业。与此同时，澳大利亚对矿山企业实施安全许可规定，未经许可"连一块石头都不能动"。矿山安全管理计划和应急处理计划需经多名有相应资质的人员审核并签字确认后，报政府批复。此外，矿山生产企业还要进行"风险承受力"评估，具体而言就是要求金属矿山企业都实施风险管理系统，主要内容包括风险源识别、风险评估、采取整改或防范措施、运行控制、应急救援、监控复查等步骤，并在工作中不断修改完善，持续改进。

二是事中的监管更突出了检查的随机性和机动性。表现为监察员随时进入矿区现场检查，检查矿山运行的文件和资料，面谈各级管理人员和雇员，以及对发现的危险因素发出整改通知等。

三是事后生产安全事故的及时上报制度。监管部门在非煤矿山安全事故发生后及时被告知对于有效应对事故后续工作具有关键性作用。目前澳大利亚昆士兰州已基本形成了针对不同类型事故的上报程序，要求发生事故的矿区管理者无论是否存在要不要汇报给监察员的疑问，原则上均需要上报相关事故。从图4-6来看，不同类型事故都有对应的上报流程，而且同一事故涉及到某些关键内容也有对应的上报流程和限定的上报时间要求。

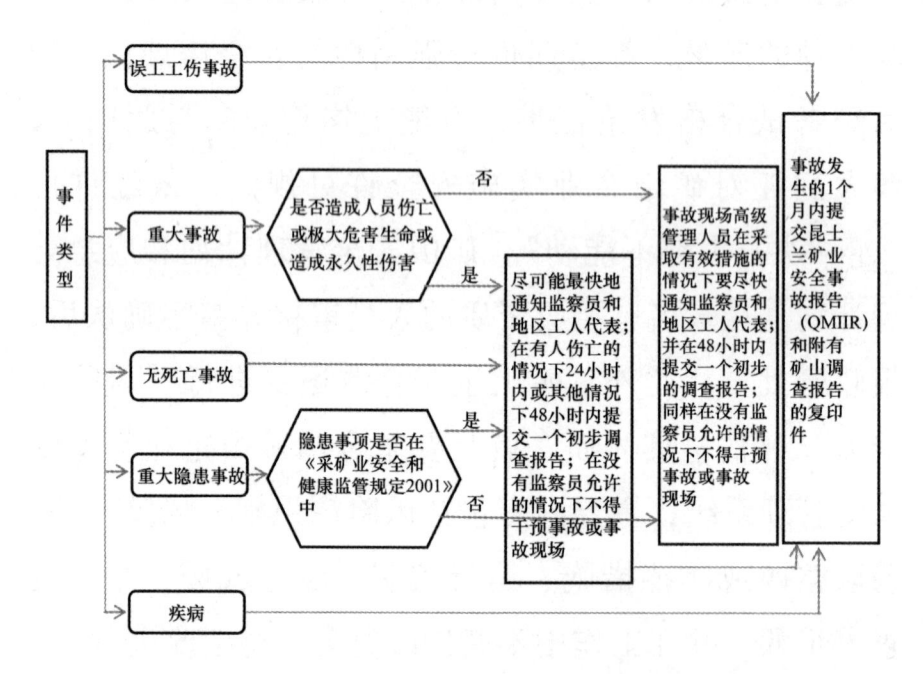

图4-6　澳大利亚昆士兰州非煤矿山不同类型安全事件上报流程图

资料来源：Department of Natural Resources and Mines（https://www.dnrme.qld.gov.au）。

四是更加重视事后风险因素和潜在风险评估，坚持问题导向，不断降低风险的方式方法。所谓风险评估就是集培训人员、管理人员、工程师和操作人员于一体的矿内组织，以寻找可能引发事故的因素为目的，针对这些潜在事故因素提出防范措施（吴德建等，2009）。目前来看，非煤矿山风险管控系统主要包括"风险概念——风险评估——风险管理——降低风险"四个相互依赖的环节。其中风险评估是关键所在，既包括事后事故的风险因素识别和原因分析，又包括对事故发生的潜在风险因素进行评估并提出防范对策。事故后对造成事故发生的风险因素进行评估是长期以来的习惯做法。例如，美国内政部下属的矿务局曾详细整理了1869—1945年美国发生的所有非煤矿难事故的原因。澳大利亚昆士兰州设立的就业、经济发展和创新部（Department of Employment, Economic Development and Innovation），分门别类地收集矿业安全数据，其中就包括不同非煤矿山事故中的危险因素结构情况，如表4-5所示。相比于事后风险分析的滞后性，如何及时发现并寻找潜在风险隐患就成为风险管理的关键所在。例如，澳大利亚要求所有矿业公司都实行潜在事故的报告制度，即鼓励工人和技术人员寻找事故隐患，对新引进的设备、新的生产工艺、新的工作地点、新的工作环境都要进行风险评估。此外，重视提高安全意识和应对能力，注重将预防与治理相结合也成为当前监管的重要举措。例如，在重视安全事故事后原因分析的基础上，也更为重视对重大事故的宣传与教育：澳大利亚昆士兰州于2008年将9月19日命名为"矿工纪念日"，以悼念1921年9月19日发生的重大矿难事故中死去的75名矿工。

表4-5　　2017—2018财年昆士兰州井工金属矿不同类型事故中的危险因素构成

重大事故		重大隐患事故		误工工伤	
风险因素	比重（%）	风险因素	比重（%）	风险因素	比重（%）
坠落	25.0	坠落	23.4	摔/滑倒	23.5
缠绕物	25.0	火灾	23.4	撞到移动物体	11.8
碰撞	25.0	爆炸物	14.8	负重时肌肉损伤	11.8
被移动物体撞击	25.0	车辆碰撞	11.7	无负重时肌肉损伤	11.8
焊接	0.0	电击	9.4	其他伤害	11.8
火灾	0.0	失控车辆	3.9	从高处跌落	5.9
电击	0.0	缠绕物	3.1	未名损伤	5.9
高温伤害	0.0	机械装置	3.1	车辆碰撞	5.9
其他	0.0	其他	7.0	其他	11.8

资料来源：2017-18 Data for the Queensland Mines and Quarries Safety Performance and Health Report。

（三）发达国家非煤矿业发展与生产安全事故"脱钩"机制选择的启示

从澳大利亚和美国一个世纪以来非煤矿业发展与生产安全事故的演变轨迹来看，两者之间并没有保持时间顺序上的同步性，即非煤矿业发展伴随而来的是生产安全事故的增加，而是基本上呈现出了"脱钩"的特征事实。结合当前研究来看，安全事故之所以能与非煤矿业发展相背离，制度因素在两者关系演变中发挥了关键性的作用，"脱钩"这一事实结果之所以能实现离不开机制的准确选择。本研究发现，美国和澳大利亚等发达国家的机制选择遵循的基本逻辑是："零伤害"目标——法律法规制度的完善——自我管理和自我负责的奖惩激励——有效的监督体系——事前、事中、事后的风险评估——能降低事故发生和伤亡数的应对措施。可以说，发达国家非煤矿业发展与生产安全事故"脱钩"的实现，进一步证实了只要有正确的创新机制，完全可以选择"脱钩"的演进路径。如何推进及实现中国非煤矿业发展与生产安全事故的"脱钩"，美国等发达国家的机制选择可以提供有益的经验启示。

一是要明确提出非煤矿山生产"零伤害"的目标任务，推进非煤矿业不同参与主体自主进行矿业安全生产方式的革命。美国和澳大利亚之所以能够实现"脱钩"，与其"零伤害"的目标定位密切相关。与此同时，值得借鉴的是，为了推进中国能源的绿色转型，习近平总书记提出了推进能源生产和消费的革命，在此战略目标导向下，中国的绿色能源发展取得了举世瞩目的成效。由此来看，只要目标明确，基于目标导向制定切实可行的法律法规体系、奖惩约束激励机制和有效的监督体系，完全有可能改变中国非煤矿业发展与生产安全事故的关联性,加快"脱钩"进程。

二是机制选择成败的关键在于能否解决信息不对称和激励不相容问题。对于矿业企业而言,理性的选择是追求利润最大化,然而生产过程中安全事故的发生无疑会造成私人成本和社会成本的背离,造成负外部性问题。能否激励矿业企业选择私人收益与社会收益(脱钩)相一致就成为机制设计成败的关键所在。美国和澳大利亚的奖惩机制具有可借鉴性,表现为在企业完全承担安全事故责任的制度约束下,安全事故的发生直接计入到其成本收益的决策函数中,使其无论在事前的矿业安全环境改善上,还是针对矿工的安全教育培训上,都有动力去主动改进有利于安全生产的方式方法,从而减少安全事故发生的非不可抗力因素的影响。

三是事前事后的风险因素分析回馈有助于形成更为有效的安全生产方式方法。从美国和澳大利亚的情况来看,两国都非常重视对矿业安全事故诱发原因的分析,并由专门的机构基于时间顺序来统计事故发生的原因。除此之外,近些年来,两国均更加重视对潜在事故发生的风险评估,对风险因素由事后的被动分析到事前预防性的主动分析,突出体现了两国对"零伤害"理念的尊重和自觉遵守。主动参与的风险评估是有利于采取更具针对性的安全防护措施,进而降低安全事故发生的风险。整体来看,美国和澳大利亚机制选择的实践充分证实,正确的机制选择有助于实现非煤矿业发展与生产安全事故的"脱钩"。

五 中国非煤矿山生产安全事故预测

在经济新常态和推动高质量发展的大背景下,新材料、环保等产业的长足发展,催生了对非煤矿山资源需求的日益增加,这无疑使非煤矿山安全生产面临更严峻的考验。虽然非煤矿山勘探开采技术日益进步,安全生产监管日臻完善,中国非煤矿山生产安全事故仍处于高发态势,大量的人员伤亡不仅造成了巨大经济损失,也给非煤矿山行业的可持续发展带来阴霾。因此,运用科学的方法对非煤矿山事故死亡人数的演变规律进行预测,对于保障非煤矿山职工的生命安全具有重要现实意义。

本部分首先对非煤矿山行业供给侧结构性改革的方向与目标、着力点与依据、供给侧结构性改革对非煤矿山安全生产的影响成效进行理论界定与分析;随后对近年来中国非煤矿山生产安全事故总量、结构、行业的发展趋势进行了深入分析与研判；最后，针对中国非煤矿山事故的特点与成因，基于中国2001—2017年非煤矿山事故起数与死亡人数的统计数据，采取三次指数平滑预测模型等定量研究方法，构造非煤矿山事故预测模型，对2018—2020年中国非煤矿山事故起数与死亡人数进行短期预测，为更好地推动新时代中国非煤矿山在采取精准监管政策推动安全生产工作方面提供定量参考依据。

（一）非煤矿山行业供给侧结构性改革的方向与目标

供给侧结构性改革，作为全面深化改革的重要方向，在非煤矿山领域显得尤其重要，因为这不仅关乎行业可持续高质量发展，更为重要的是为安全生产奠定了坚实基础。本部分着重从理论上对非煤矿山供给侧结构性改革的方向与目标进行清晰界定，旨在明确未来非煤矿山行业供给侧结构性改革需关注的重要领域，进而为非煤矿山的安全生产提供改革方法论，切实落实以改革促安全发展的任务。

1. 非煤矿山行业供给侧结构性改革的方向

"十二五"以来，中国非煤矿山安全生产条件持续改善，非煤矿山事故起数和死亡人数实现持续性"双下降"，然而非煤矿山安全生产基础薄弱的基本情况没有得到根本改观，小型非煤矿山违规违章开采仍然未得到有效治理，非煤矿山安全生产形势依然十分严峻。由于中国非煤矿山生产向着条件更复杂、开采难度更高的范围延伸，必然对非煤矿山的勘探技术和产品深加工技术提出更多的要求，进而对安全生产形成新的挑战，非煤矿山行业供给侧结构性改革须在综合考虑安全生产和绿色生产的基础上，依据各地区的资源禀赋特征，有步骤地深入推进，尤其是要丰富供给侧结构性改革的内涵，建立起供给侧结构性改革与安全生产的联动机制，形成以供给侧结构性改革促安全发展的良好局面。

2. 非煤矿山行业供给侧结构性改革的目标

国家安全监管总局发布的《非煤矿山安全生产"十三五"规划》，以供给侧结构性改革为主线，计划到2020年淘汰关闭非煤矿山6000座，使"头顶库"病库数量相对于2015年下降40%，采空区治理总量达到2亿立方米。作为非煤矿山行业供给侧结构性改革的主要领域，非煤小矿山的比重过大是造成行业安全隐患与污染严重的重要原因，非煤矿山供给侧结构性改革须在行业结构调整和绿色矿业发展方面制定严格的目标，以指导和进行非煤矿山行业的整合重组与安全生产监管。应依据各地区资源禀赋特征，将非煤矿山供给侧结构性改革的目标细化落实，进而达到宏观上对非煤矿山行业发展与安全水平的监管把握，最终实现非煤矿山行业供给侧结构性改革与安全生产协调推进的目标。

（二）非煤矿山供给侧结构性改革影响安全生产形势的主要依据

推进非煤矿山供给侧结构性改革与安全发展，必须深入贯彻落实党的十九大精神和《中共中央国务院关于推进安全生产领域改革发展的意见》，认真贯彻全国安全生产电视电话会议、全国安全生产工作会议精神，在打造安全工作场所环境、保障安全设施供给与遵守安全法律法规等方面进行全面落实，以发挥非煤矿山供给侧结构性改革对安全生产的促进作用。

由于非煤矿山主要为新材料和环保行业等提供基础性原料，强大的外部需求也给非煤矿山的安全生产造成较大压力，非煤矿山供给侧结构性改革主要包括供给端的关停与整顿，产品的深加工和小矿的监管等，非煤矿山供给侧结构性改革的主要方式是对行业结构和产品质量进行调整与升级，以实现非煤矿山的安全发展与绿色发展。

近年来，非煤矿山的安全生产形势有所好转，但是我们需要注意到重大安全事故仍然时有发生，潜在安全风险并未消除。当前非煤矿山安全生产中还存在着矛盾和问题。这之中有主观努力不够，主体责任不落实，监管不到位等原因，但深层次的原因，就是落后的经济发展方式和不合理的产业结构加大了事故风险（徐松，2018）。因此，利用供给侧结构性改革淘汰落后产能和生产力，促进要素升级势在必行。

1. 产业低端化发展造成潜在安全生产隐患

长期以来，中国的经济增长大量依赖低水平、高能耗的低端制造业，这种粗放的增长模式对资源的大量需求催生了非煤矿山企业的野蛮增长，大量民营小矿山分布零散，技术落后，安全生产意识薄弱，是事故发生的重灾区。同时，这些小矿企业大多数自动化水平低，是劳动力密集型企业，并且多就近雇佣一些未经过正规培训的农民参加生产，他们普遍缺乏安全生产意识和危机下的自救能力，一旦发生事故后果不堪设想。非煤矿山供给侧结构性改革就是要清除低水平低质量的供给，为安全生产工作创造有利条件。

2. 优化产业结构促进安全生产

优化产业结构，促进产业结构升级是供给侧结构性改革的重心。中国目前正处于加速工业化，向知识社会转型的重要节点上。传统工业发展在今天已逐步显现出后劲不足的特征，单纯的靠增加量的投入已经不能再为经济增长提供充足动力。同时，第二产业在经济结构中的比重对事故发生会产生重要影响。第二产业中的制造业、采矿业和建筑业等是安全事故的高发区。供给侧结构性改革就是要逐步淘汰落后产业，引导企业开发新技术、新工艺，提高产品核心竞争力。因此，优化产业结构是新时代确保安全生产的根本途径。

3. 创新安全生产供给侧信息传递机制

中国非煤矿山企业大多数是私营企业，在生产经营中存在着严重的利益驱动性，常常忽略员工的生命安全盲目压缩生产成本，以低质量的产品快速充斥市场，谋取短期利润，一旦发生事故就试图拿钱消灾然后继续生产。如此周而复始既不利于行业的长期发展也不能有效降低事故率。在供给侧结构性改革的大背景下，淘汰规模经济不达标的企业，在生产端利用互联网技术建立连接企业和政府的信息传递机制，确保企业时刻处于监察机构的监督下，才能确保企业在安全生产中不松懈，时刻保持警钟长鸣。

4. 落实生产责任制确保安全生产

在制度保障上，落实安全生产责任制，在政府层面要将地区内非煤矿山企业的安全生产状况纳入到该地区党政一把手的政绩考核中，并且要排在靠前的位置，对发生重大生产安全事故地区的党政负责人追责。对地区内所有非煤矿山企业根据规模落实相应的省、市、县各级负责人，做到所有生产企业都有明确的责任人。建立类似"河长制"的追责制度。对于企业层面，每一个矿企都要严格执行企业安全生产准则，设立安全巡逻负责人，同时企业一把手必须对企业的安全生产负全责。出现重大安全事故时追究其刑事和民事责任。

5. 根据资源分布统一按规划开采

据统计，非法采矿造成的事故占事故总数的40%以上（石忠伟，2018）。近年来，非法采矿的现象在中国非煤矿山领域未得到有效遏制。非法采矿不仅会严重破坏当地生态环境，同时也易发生安全事故。因此，应依据矿产资源的分布，综合考虑地质特征，进行科学的统筹规划，设立重点开采区、一般开采区和禁止开采区。依据不同开采区的资源储量、企业的生产资质和安全生产能力合理分配采矿权，从源头上消除非煤矿山的安全生产隐患。

（三）非煤矿山行业供给侧结构性改革对安全生产的影响成效

安全生产是非煤矿山发展的第一要务。中国实施经济高质量发展战略，以及新材料和环保等产业的长足发展，推动了非煤矿山勘探技术的升级与勘探范围的日益扩大，由此也提出了对安全生产监管的更高要求，非煤矿山行业供给侧改革必须把保障安全生产作为首要条件，疏通非煤矿山行业供给侧结构性改革影响安全生产的传导机制，以供给侧结构性改革带动安全生产形势的持续好转。

2017年非煤矿山监管对象（含非煤矿山、地质勘探单位、采掘施工企业和尾矿库）共计55063个，较2013年减少29622个，下降35.0%。2017年非煤矿山事故总量较2013年减少251起、306人，分别下降38.1%和38.7%。[①]

2017年，中国非煤矿山事故共造成484人死亡，

[①] 资料来源：《2017年全国非煤矿山生产安全事故统计分析报告》。

其中，原因归属于供给侧结构性改革范畴的有：技术和设计有缺陷，造成7人死亡；设备、设施、工具附件有缺陷，造成7人死亡；安全设施缺少或有缺陷，造成28人死亡；生产场所环境不良，造成51人死亡；个人防护用品缺少或有缺陷，造成21人死亡；安全操作规程缺少或不健全，造成24人死亡。共计138人，占总死亡人数的28.51%，表明提升非煤矿山设备设施安全水平、营造良好的工作场所环境、保障安全防护设施到位和法律法规健全，是非煤矿山供给侧结构性改革的重点内容。

《非煤矿山安全生产"十三五"规划》提出，到2020年，生产安全事故起数和死亡人数同2015年相比要下降10%，较大事故起数和死亡人数要下降15%，从业人员千人死亡率相比2015年要下降10%。

（四）供给侧结构性改革下非煤矿山生产安全事故发展趋势评价

非煤矿山是中国现代能源结构中的重要组成部分，其生产能力的提高对中国现代化建设和经济高质量发展具有重要的推动作用。非煤矿山之所以被称为"高危行业"，是由该行业的工作对象和性质所决定的，非煤矿床开采的每一步几乎都充满着高风险。从中国当前非煤矿山安全管理现状来看,安全生产问题频发依然是束缚非煤矿山企业快速发展的重要因素,每年死伤数千人,由于生产伤亡事故造成的经济损失为15亿—25亿元人民币。加强非煤矿山安全生产,提升中国非煤矿山安全生产的技术水平具有十分重要的意义。需特别说明的是,以下分析所采用的数据均来源于应急管理部。

1. "十五"时期

"十五"时期,国家各行业发展蓬勃,对非煤矿山资源的需求剧增,非煤矿山开采量大,居于中国能源供给体系的重要位置,地方政府和企业不能正确处理安全生产与经济发展的关系,对安全生产缺乏足够认识,存在重经济、轻安全的倾向。其次,部分地区和部门安全监管监察体系不完善,执法不严,相关安全标准制定不健全,缺乏权威性和有效性,安全生产责任落实不到位。因此,在"十五"规划期间,非煤矿山开采事故频发,且数量呈急剧上升趋势。2011—2017年的非煤矿山生产安全事故数量和死亡人数呈先升后降的"倒U型"趋势。其中,2003年事故发生起数达到顶峰,共2283起,死亡多达2890人,之后2003—2007年有所回落,但数量仍居高不下,形势依然严峻。

2. "十一五"时期

"十一五"时期,国家安全监管总局开展的非煤矿山安全专项整治工作取得了明显的成效,借鉴整顿封闭小煤矿的经验,使得事故发生和死亡人数都有所下降。国务院于2006年8月发布《安全生产"十一五"规划》,制定了安全生产的具体实施方案,要求做到安全生产与经济社会发展的各项工作同步规划、统一部署、协调推进。同时,建立《规划》实施的中期评估、调整和考核等制度,强化督促检查,确保安全生产"十一五"规划目标的实现。然而,在经济快速增长的同时,传统的粗放型经济增长方式尚未根本转变,企业安全投入不足,安全生产欠账严重,一些老工业企业和中小企业生产工艺技术落后,设备老化陈旧,重大危险源数量大、分布广。"十一五"期间事故总量总体上虽然逐年下降,但下降幅度还不理想,仍有较大的下降空间。

3. "十二五"以来

"十二五"期间,中国迎来整治非煤矿山安全事故的良好机遇。一是以习近平同志为核心的党中央高度重视安全生产工作。"十二五"以来,根据国务院的部署,在国家安全监管总局党组的统一领导和各方共同努力下，以遏制非煤矿山重特大事故为抓手，通过一系列举措和各类专项整治行动，中国实现了非煤矿山生产安全事故总起数、死亡人数的下降。根据2001—2017年非煤矿山生产安全事故数量情况，2007年事故数量出现大幅度回落，从2009年开始至2017年呈现稳步减少趋势，并且每年各地事故死亡人数的差距不断缩小，较大事故数量明显下降，重特大事故得到较好遏制，安全生产形势持续稳定好转。2017年，全国非煤矿山共发生各类生产安全事故407起、死亡484人，同比减少54起、41人，分别下降11.7%和7.8%。2001—2017年事故总量、死亡人数及其变化趋势见图5-1至图5-6。

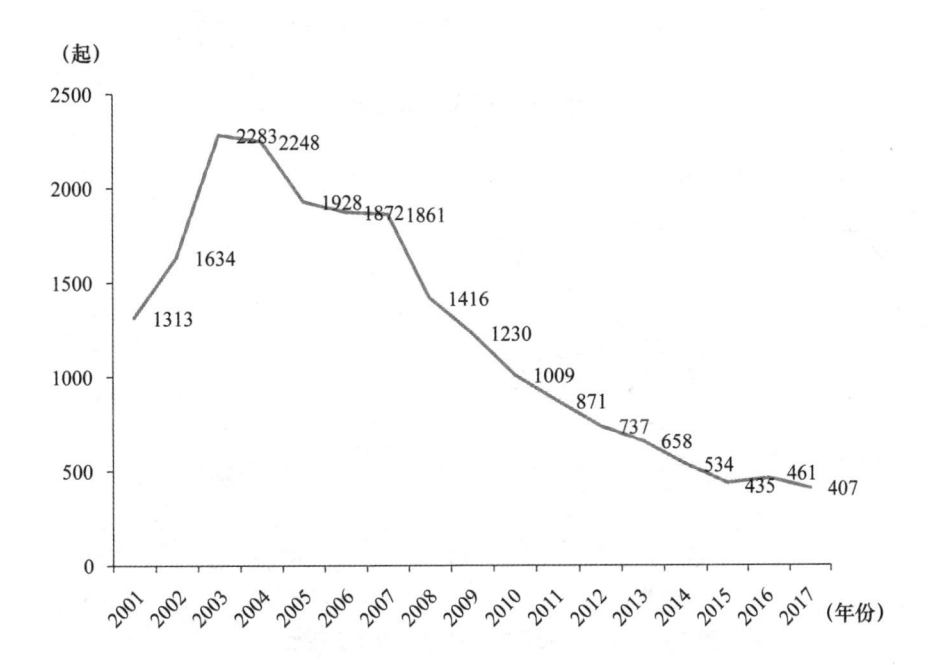

图 5-1 2001—2017 年事故总量统计

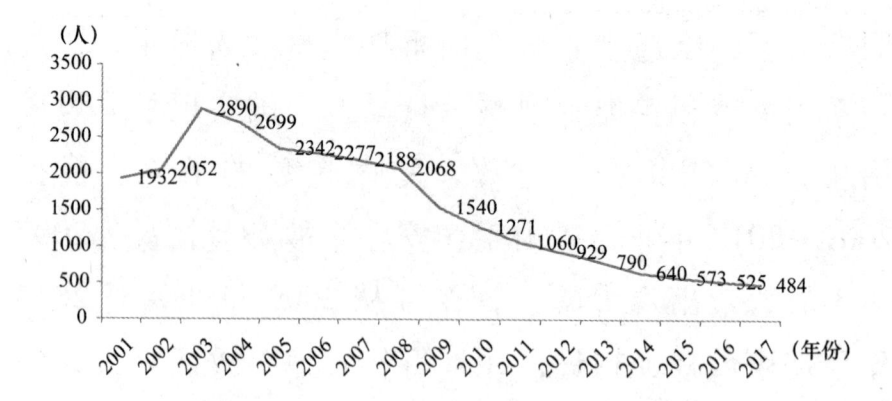

图 5-2 2001—2017 年事故导致死亡总人数

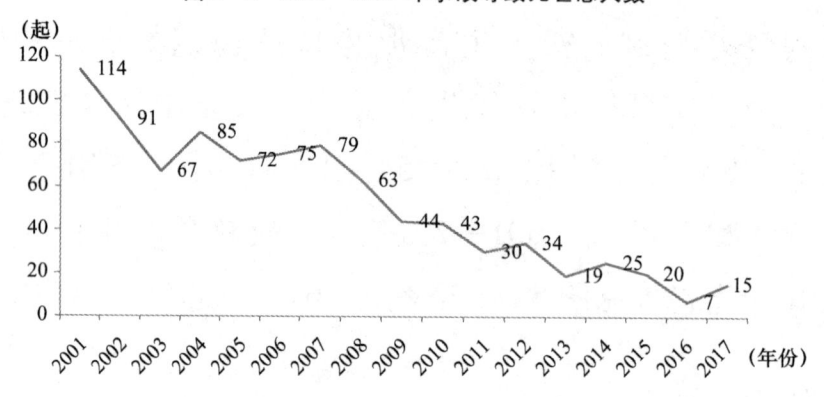

图 5-3 2001—2017 年较大事故发生数量

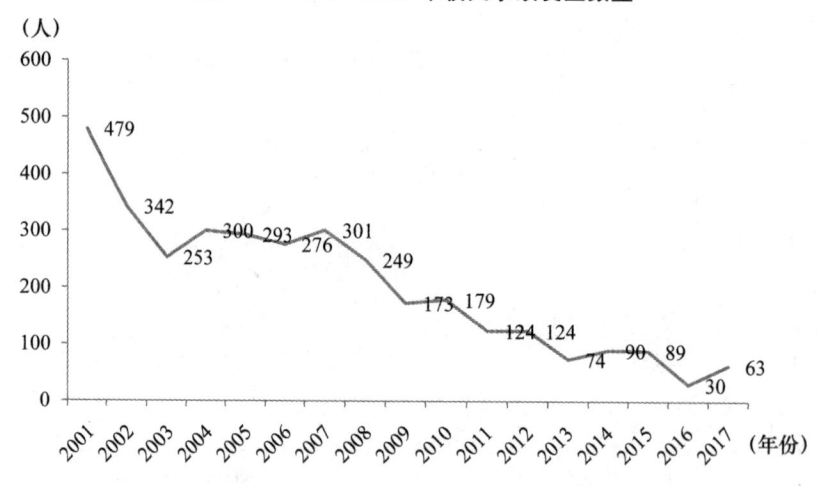

图 5-4 2001—2017 年较大事故导致死亡人数

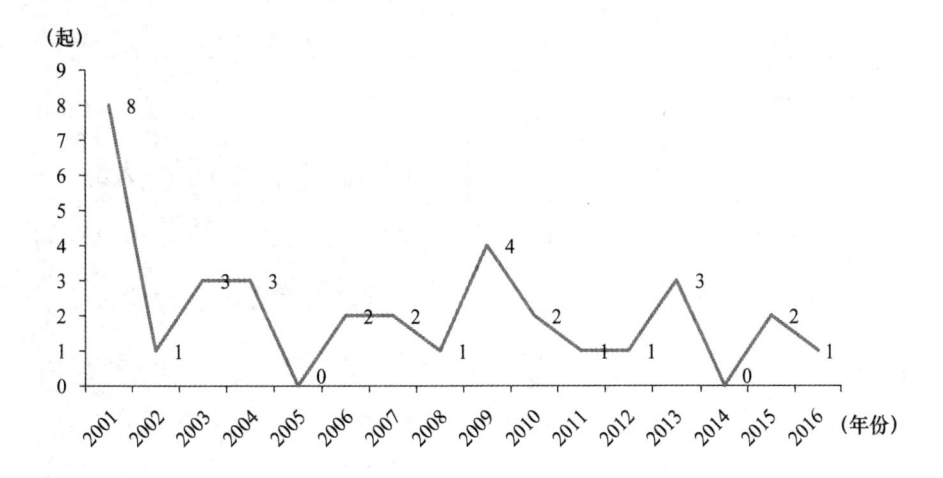

图 5-5 2001—2016 年重大事故发生数量

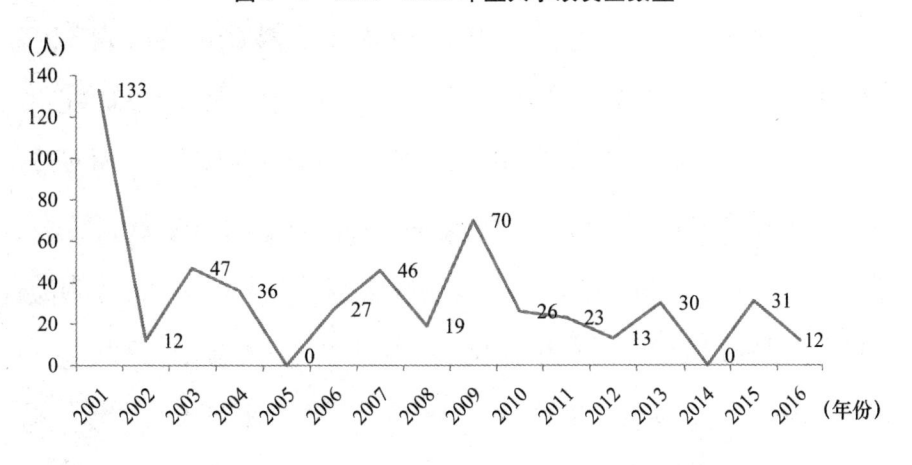

图 5-6 2001—2016 年重大事故导致死亡人数

二是,供给侧结构性改革的深入推进,为关闭破产企业、进行资产重组、淘汰落后产能和生产力、促进要素升级、提高生产安全水平创造了良好条件。在继续巩固深化常规安全监管工作的基础上,突出抓以下工作:强力推进非煤矿山的整顿关闭工作,实现规模化、集约化生产;扎实开展攻坚克难,指导各地推进"五化"示范矿山建设,以机械化开采现场会的形式推进机械化工作落实；不断提升科技水平；深化专项整治等。

三是，随着经济社会持续协调健康发展，人们在生产活动中对安全健康的需求逐步增加，使得以人为本、安全生产的思想深入人心，成为推动安全生产工作的强大动力。此外，近年来原油产量略有下降、天然气产量有所增加，因此，非煤矿开采事故总量下降，石油天然气开采事故总量有所上升。

各行业中，非金属矿开采业事故起数和死亡人数居第一位，占2001—2011年非煤矿山事故总数的52.93%，总死亡人数的49.03%。其次是有色金属矿开采业，占2001—2011年非煤矿山事故总数的26.24%，总死亡人数的27.62%。石油和天然气开采业事故起数和死亡人数最低，仅占2001—2011年非煤矿山事故总数的1.49%，总死亡人数的1.99%。其他采矿业、黑色金属矿开采业不相上下。按各行业事故起数和死亡人数变化情况来看，2001—2003年，非金属矿开采业生产安全事故数量由645起急剧增加至1443起，死亡人数由894人增加至1669人。2003年后处于下降趋势，2011年该行业事故起数降至373起，死亡人数降至433人。其次，有色金属矿开采业呈先上升后下降趋势，但增降幅较小，2006年是拐点，发生事故537起，死亡693人。具体分布情况见图5-7至图5-12。

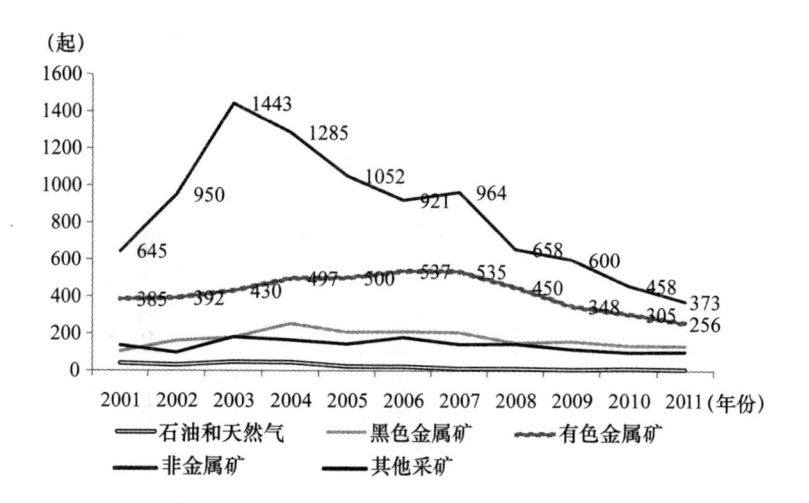

图5-7 非煤矿山事故量按行业分布情况

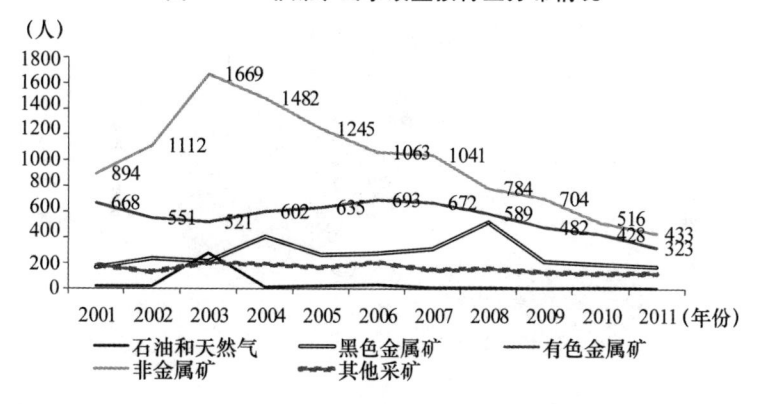

图5-8 非煤矿山事故死亡人数按行业分布情况

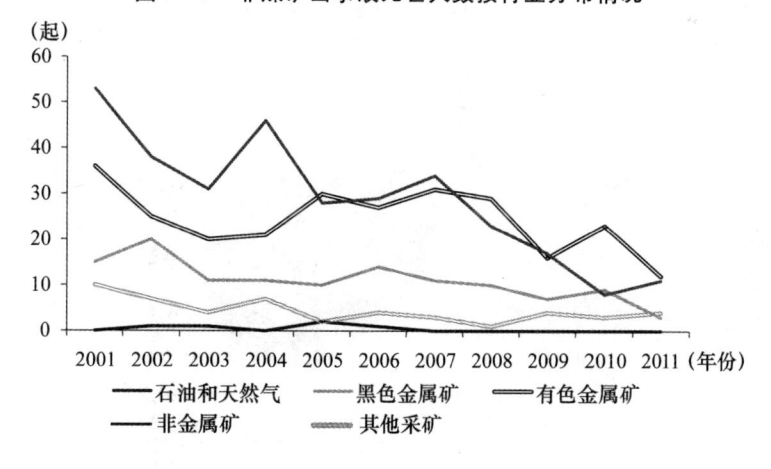

图5-9 分行业一次死亡3—9人事故发生起数

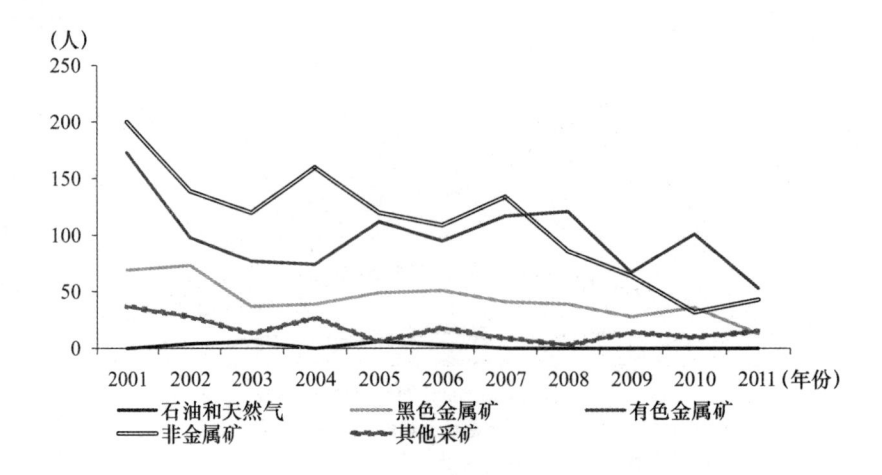

图 5-10　分行业一次死亡 3—9 人事故死亡人数

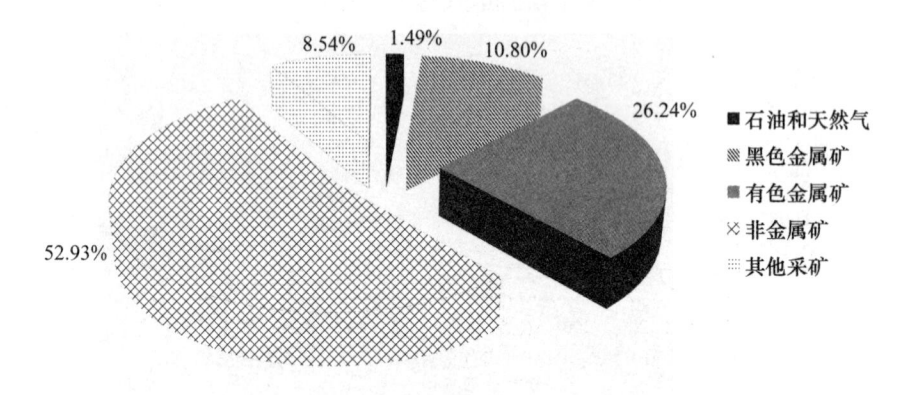

图 5-11　2001—2011 年非煤矿山事故总数按行业分布

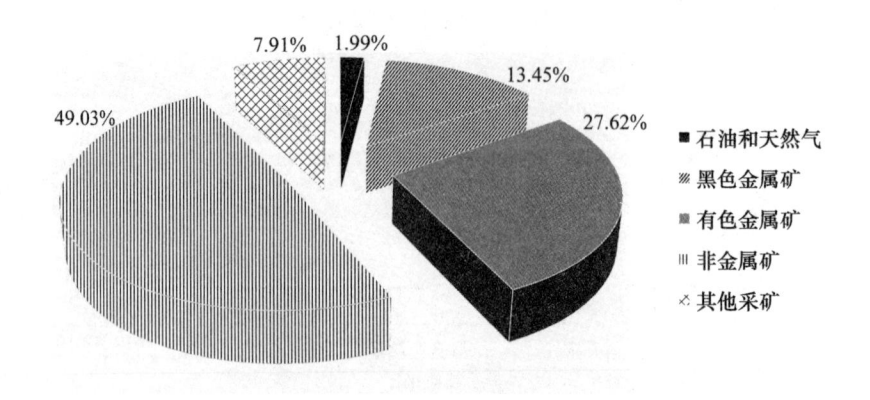

图 5-12　2001—2011 年非煤矿山事故死亡总人数按行业分布

事故类型主要集中在坍塌、中毒窒息、冒顶片帮、物体打击4类，与国家监管总局监管一司发布的《2013年全国非煤矿山生产安全事故分析报告》中指出的4种高发事故类型完全吻合。其中，2001—2011年，坍塌事故共发生2471起，死亡3995人，占事故总起数的14.02%和死亡人数的19.02%；中毒和窒息事故676起，死亡人数1541人，占事故总起数的3.84%和死亡人数的7.33%；物体打击事故3716起，死亡3595人，占事故总起数的21.09%，死亡人数的17.11%；高处坠落事故2677起，死亡2645人，占事故总起数的15.19%，死亡人数的12.59%。非煤矿山生产安全事故类型高达20多种，详见表5-1。其中，一次死亡10—29人的事故类型，主要有坍塌，透水，火药爆炸，中毒和窒息，火灾以及起重伤害。究其原因，有经济利益驱动，更多的是投入不够，设施不全，人员素质低下和"三违"所导致。因此，需要国家和地方政府及部门加强监管和防护力度，完善相关标准和政策的制定，把责任落实到具体单位，努力营造良好的安全生产环境，提高人们的安全社会责任感和经济责任感。

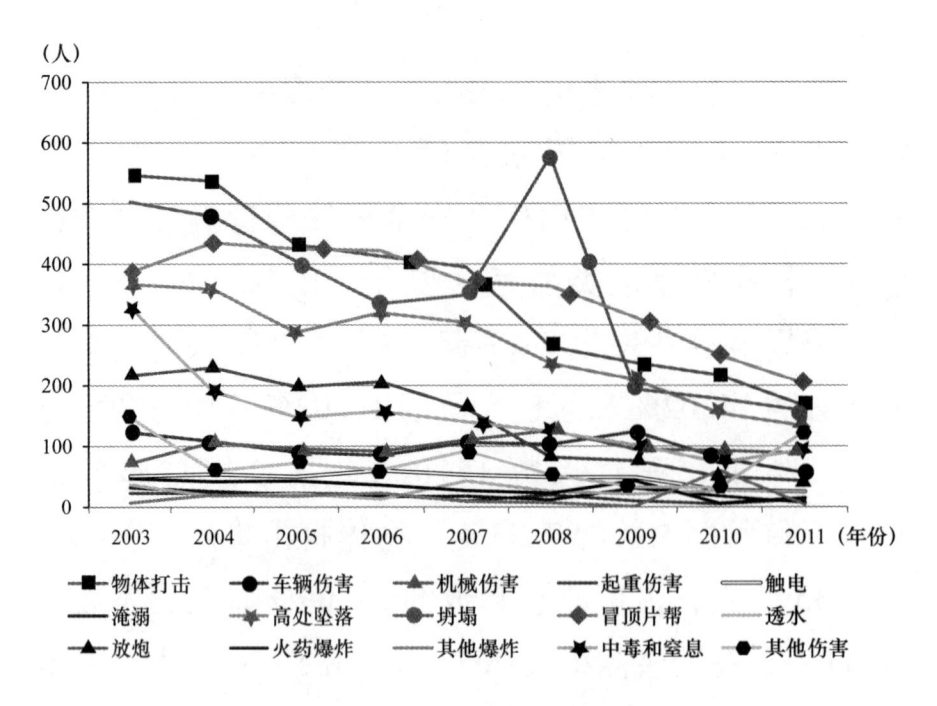

图 5-13　2003—2011 年非煤矿山事故类型变化情况

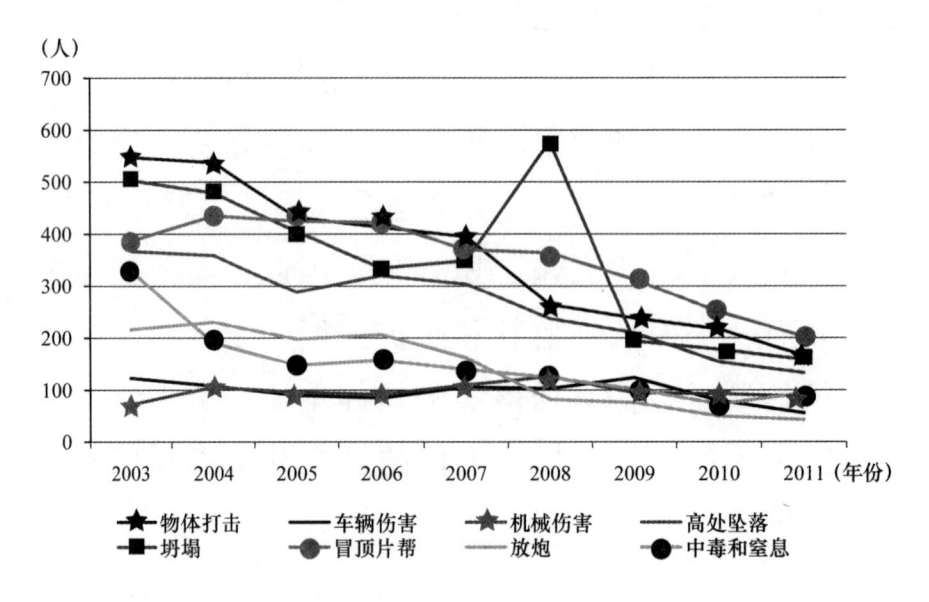

图 5-14　2003—2011 年累计死亡 800 人以上事故类型变化情况

表5-1　2001—2011年中国非煤矿山各类事故情况分析

事故类型	事故总起数	死亡总人数	一次死亡3—9人事故起数	一次死亡3—9人死亡人数	一次死亡10—29人事故起数	一次死亡10—29人死亡人数
物体打击	3716	3595	28	93	0	0
车辆伤害	937	918	19	65	0	0
机械伤害	1008	876	2	9	0	0
起重伤害	151	162	5	21	1	26
触电	474	454	0	0	0	0
淹溺	134	194	8	33	1	19
灼烫	42	30	1	3	0	0
火灾	17	32	6	27	2	29
高处坠落	2677	2645	27	99	0	0
坍塌	2471	3995	269	1020	7	144
冒顶片帮	3163	3599	124	441	0	0
透水	82	380	28	148	8	199
放炮	1255	1518	48	188	0	0
火药爆炸	222	344	25	104	3	66
瓦斯爆炸	16	79	9	39	0	0
锅炉爆炸	3	6	0	0	0	0
容器爆炸	24	29	1	6	0	0
其他爆炸	131	109	3	20	1	10
中毒和窒息	676	1541	152	604	6	361
环境污染	0	0	0	0	0	0
其他伤害	424	503	8	49	3	53

从事故原因来看（如图5-15、图5-16），因违反操作规程或劳动纪律、生产场所环境不良、安全设施缺少或有缺陷引发的事故总量和死亡人数均排在前3位。不管是事故起数方面还是死亡人数方面，因违反操作规程或劳动纪律导致的事故都居于首位，2001—2011年累计导致事故5499起，占比31.78%，死亡人数多达7166人，占比32.5%。因生产场所环境不良导

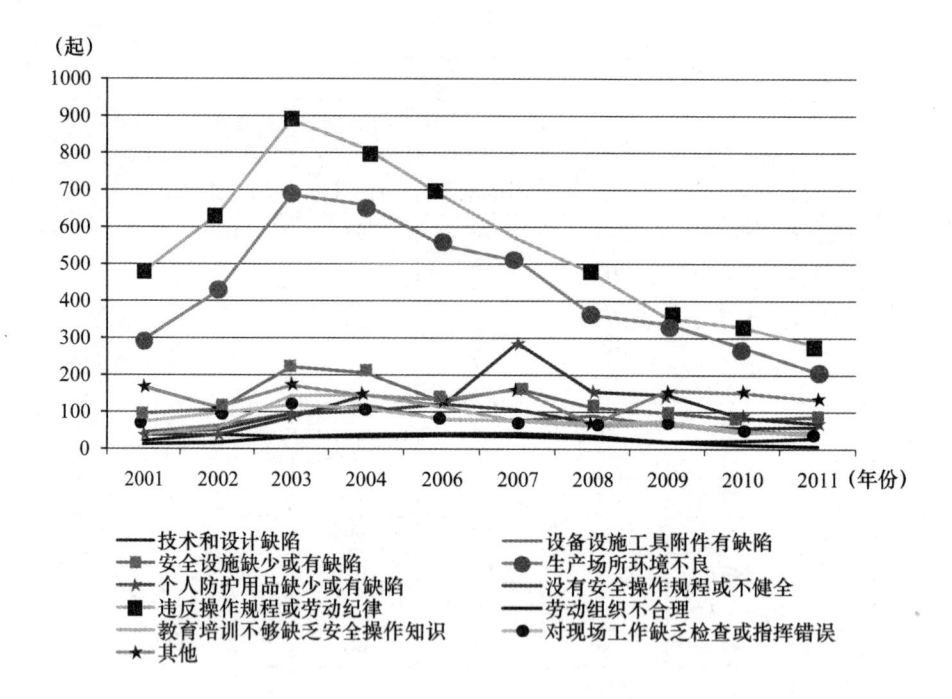

图 5-15　由各类原因导致的事故数量统计

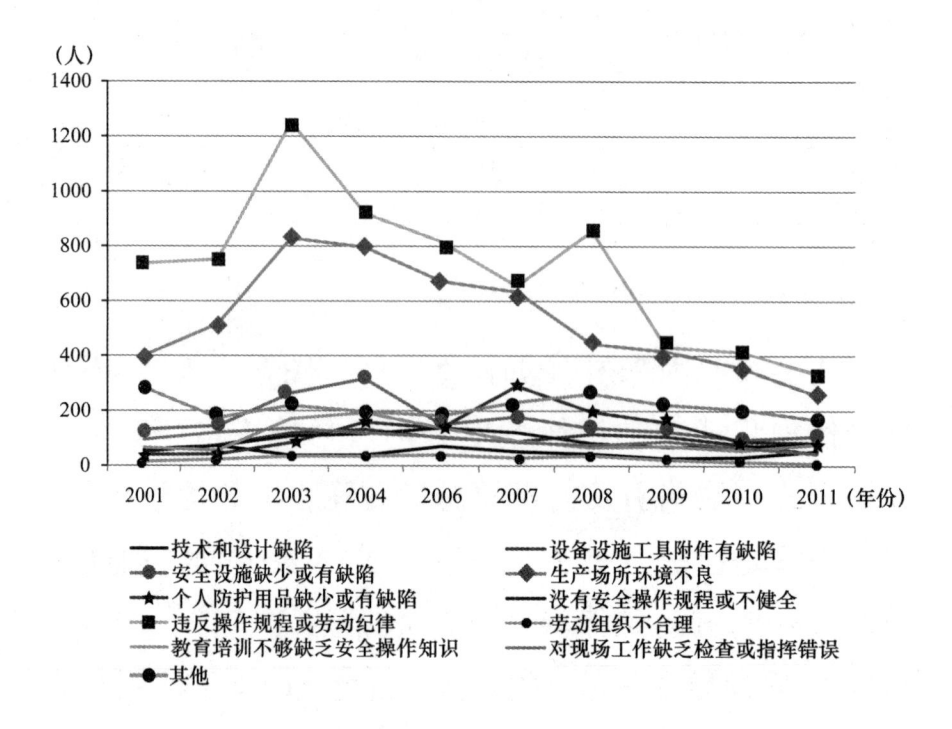

图 5-16　由各类原因导致的事故死亡人数统计

致的事故和死亡人数都居次位，2001—2011年累计事故4307起，占比24.9%，死亡5321人，占比24.14%。位于第三位的原因是安全设施缺少或有缺陷，2001—2011年累计导致事故1298起，占比7.5%，死亡1649人，占比7.48%。为有效遏制非煤矿山生产安全事故的多发势头，促进非煤矿山安全生产形势持续稳定好转，各地政府需要认真分析事故原因，制定有针对性的措施，对重点区域、重点企业组织开展"以点带面"的攻坚克难工作，制定强有力的措施，开展有针对性的执法检查，督促地下矿山完善并落实顶板分级管理、"敲帮问顶"和机械通风等制度，督促露天矿山完善监测监控系统，坚决杜绝"一面墙"开采行为。发生事故的省（区、市）要严格按照有关规定要求，依法依规严肃查处，认真分析事故原因，深刻吸取事故教训，提出防范和整改措施并跟踪督促落实到位，切实用事故教训推动安全生产工作。其他地区要深刻吸取事故教训，举一反三，全面排查隐患，严防事故发生。

（五）供给侧结构性改革下中国非煤矿山生产安全事故预测

非煤矿山的数量关停、产品加工技术升级与行业整合等供给侧结构性改革措施不仅对行业本身的发展产生影响，更重要的是能够对安全生产水平产生重要影响。供给侧结构性改革能否降低中国非煤矿山生产安全事故的发生率，事关改革动力、方向与成效的兑现。因此，在深入推进供给侧结构性改革的背景下，对中国非煤矿山生产安全事故死亡人数进行科学的预测，有助于及时调整和完善非煤矿山行业供给侧结构性改革的思路和重点。基于此，本部分重点就近期中国非煤矿山死亡人数进行预测，为供给侧结构性改革和安全生产监管提供前瞻性的定量指导。这对于推动中国非煤矿山安全生产形势的好转具有重要的现实意义。

1. 三次指数平滑预测模型

在进行事故死亡人数预测的相关文献中，大多采用指数平滑法进行预测，通常分为一次指数平滑、二次指数平滑和三次指数平滑，平滑次数越多，预测结果越可靠，但随之而来的问题是计算复杂度越高。三次指数平滑法的特点是操作简单和使用方便，而且在短期预测方面较为精准，作为常用的预测方法应用范围较广。针对中国非煤矿山事故的非线性特征，可对不同年份取不同权重，遵循"重近轻远"的原则，使得预测结果更精确。三次指数平滑是在二次指数平滑基础上增加一次平滑，能够估计二次多项式的参数值，其具体模型如下：

$$y_{t+m} = a_t + b_t m + c_t m^2 \tag{1}$$

其中，式（1）中 y 表示死亡人数的预测值，t 表示预测所依据的基准年份，a_t、b_t、c_t 分别代表预测所需的参数值，分别可由式（2）至式（4）计算得出，平滑值可由式（5）至式（7）计算得出，Y_t 表示当期实际死亡人数，α 表示给定的参数值，可根据数据实际情况与运算需要确定，m 代表预测第几年，若预测下一年，则 $m = 1$，以此类推。式（1）为非线性，相当于二次多项式，可以展示时序的变动趋势，通常用于对非线性变化时序的指标进行预测。三次指数平滑法的预测参数计算过程如下：

$$a_t = 3 S_t^{(1)} - 3 S_t^{(2)} + S_t^{(3)} \tag{2}$$

$$b_t = \frac{\alpha}{2(1-\alpha)} [(6-5\alpha) S_t^{(1)} - 2(5-4\alpha) S_t^{(2)} + (4-3\alpha) S_t^{(3)}] \tag{3}$$

$$c_t = \frac{\alpha^2}{2(1-\alpha)^2} [S_t^{(1)} - 2 S_t^{(2)} + S_t^{(3)}] \tag{4}$$

平滑值为：

$$S_t^{(1)} = \alpha \times Y_t + (1-\alpha) \times S_{t-1}^{(1)} \tag{5}$$

$$S_t^{(2)} = \alpha \times S_t^{(1)} + (1-\alpha) \times S_{t-1}^{(2)} \tag{6}$$

$$S_t^{(3)} = \alpha \times S_t^{(2)} + (1-\alpha) \times S_{t-1}^{(3)} \tag{7}$$

与一次、二次指数平滑法相比，三次指数平滑法要更加复杂,修正预测值的目的是一致的,为了跟踪时序的发展,三次指数平滑模型可以较好地跟踪时间序列的非线性变化趋势。

2. 基于三次指数平滑法的中国非煤矿山事故死亡人数预测

本部分根据已搜集到的中国 2001—2017 年的非煤矿山事故的相关数据(如表 5 - 2 所示),运用三次指数平滑预测模型,对中国 2018—2020 年的非煤矿山事故死亡人数进行预测。

表 5 - 2　　2001—2017 年中国非煤矿山事故死亡人数　　(单位:人)

年份	死亡人数	年份	死亡人数	年份	死亡人数
2001	1932	2007	2188	2013	790
2002	2052	2008	2068	2014	640
2003	2890	2009	1540	2015	573
2004	2699	2010	1271	2016	525
2005	2342	2011	1060	2017	484
2006	2277	2012	929		

在进行预测之前,须估计初始值 $S_0^{(1)}$、$S_0^{(2)}$、$S_0^{(3)}$,由于可获得的非煤矿山事故死亡人数的数据仅有 17 年,本部分取前三年数据的均值当作平滑的初始值,计算可得:

$$S_0^{(1)} = S_0^{(2)} = S_0^{(3)} = \frac{x_1 + x_2 + x_3}{3} \tag{8}$$

将表 5-2 的相关数据带入式（8）可以计算得到：
$S_0^{(1)} = S_0^{(2)} = S_0^{(3)} = 2291$

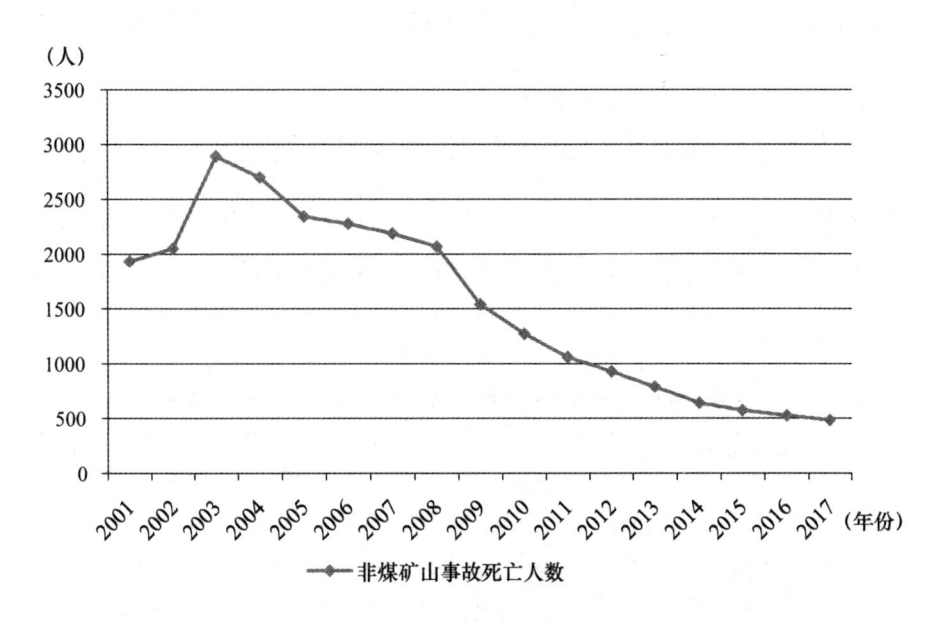

图 5-17 2001—2017 年中国非煤矿山事故死亡人数的变动趋势

从图 5-17 可以看出，2001—2017 年中国非煤矿山事故死亡人数在 2001—2003 年呈现剧烈增长态势，自 2004 年以后，死亡人数总体呈现明显的下降趋势，不同年份之间死亡人数存在较大差距，本章借鉴朱庆明、张浩（2012）关于平滑指数的确定方法，经过综合考虑，将平滑指数设定为 $\alpha = 0.45$，并根据式（2）至式（7）对 2001—2017 年每年的一次、二次、三次指数平滑式以及 a、b、c 的值进行逐个计算，计算结果参见表 5-3，并从 2006 年开始，运用上一年度的 a、b、c 值之和作为下一年度的预测值

(取整），用以验证三次指数平滑方法的预测精度，最后基于2017年的 a、b、c 值，结合式（1）对2018、2019、2020年中国非煤矿山事故死亡人数进行了预测，由于预测值严重依赖于 a、b、c 值，且 a、b、c 值与当期实际死亡人数密切相关且每一期都存在较大的波动，所以，三次指数平滑法特别适用于短期预测，这也是本章不做长期预测的原因所在。

表5-3　中国非煤矿山事故死亡人数三次指数平滑法预测计算结果

年份	死亡人数	一次指数平滑式	二次指数平滑式	三次指数平滑式	a 值	b 值	c 值	预测值（取整数）
初值		2291	2291	2291				
2001	1932	2129.45	2218.303	2258.286	1991.729	-92.9624	-16.3564	
2002	2052	2094.598	2162.635	2215.243	2011.13	-47.3444	-5.16434	
2003	2890	2452.529	2293.087	2250.273	2728.597	198.1841	39.0351	
2004	2699	2563.441	2414.746	2324.286	2770.369	130.0441	19.49095	
2005	2342	2463.792	2436.817	2374.925	2455.851	-25.7143	-11.6866	
2006	2277	2379.736	2411.131	2391.217	2297.033	-69.7503	-17.1727	2418
2007	2188	2293.455	2358.176	2376.349	2182.184	-79.5886	-15.58	2210
2008	2068	2192	2283.397	2334.521	2060.33	-84.789	-13.4795	2087
2009	1540	1898.6	2110.238	2233.594	1598.679	-190.945	-29.5484	1962
2010	1271	1616.18	1887.912	2078.037	1262.841	-210.75	-27.314	1378
2011	1060	1365.899	1653.006	1886.773	1025.451	-187.024	-17.853	1025
2012	929	1169.294	1435.336	1683.626	885.502	-138.963	-5.94127	821
2013	790	998.612	1238.81	1483.459	762.8645	-103.264	1.489665	741
2014	640	837.2366	1058.102	1292.048	629.452	-85.2084	4.378181	661
2015	573	718.3301	905.2047	1117.969	557.3451	-56.0267	8.665215	549
2016	525	631.3316	781.9618	966.7656	514.875	-30.736	11.43791	510
2017	484	565.0324	684.3435	839.6757	481.7421	-14.6397	12.05621	496
2018								479
2019								501
2020								546

经过计算，$a_{2017} = 481.7421$，$b_{2017} = -14.6397$，$c_{2017} = 12.05621$，代入$y_{t+m} = a_t + b_t m + c_t m^2$，可得：

$$y_{2017+m} = 481.7421 - 14.6397 * m + 12.05621 * m^2 \quad (9)$$

将 $m = 1$，2，3 代入到式（9），可得：$y_{2018} = 479$，$y_{2019} = 501$，$y_{2020} = 546$

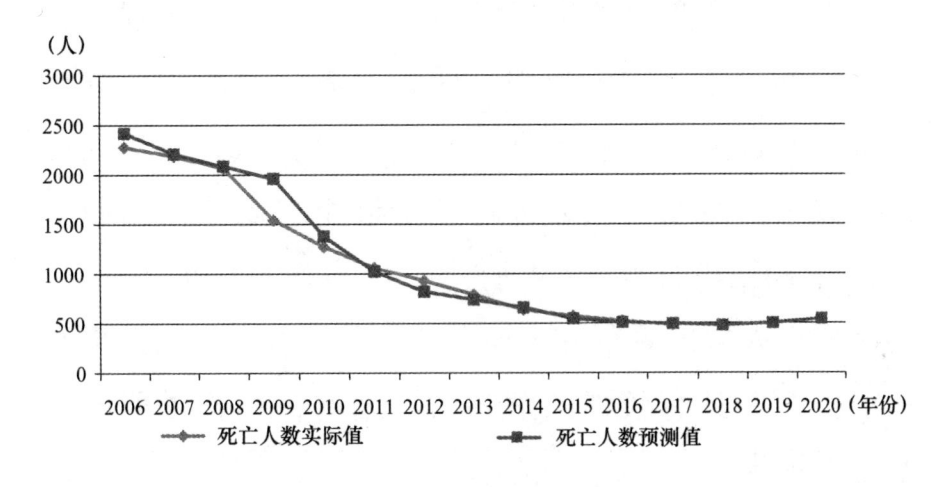

图 5-18 中国非煤矿山事故死亡人数实际值与预测值对比

从图 5-18 关于中国非煤矿山事故死亡人数实际值与预测值的对比情况来看，三次指数平滑法得到的预测值与实际值有很高的吻合性，表明三次指数平滑法在运用于短期预测时具有较高的精确性，因此，本章仅预测了 2018—2020 年中国非煤矿山事故的死亡人数，从预测结果来看，2018 年中国非煤矿山事故死亡人数有望小幅下降，而 2019—2020 年中国非煤矿山安全生产形势仍面临着严峻的挑战。实际上，如果用预测值作为当年的实际值，继续进行 a、b、c 值的运算，以预测下一年度的死亡人数，在一定程度上或能提高预测精度，但同样仅限于短期预测。

3. 基于最小二乘法的中国非煤矿山事故死亡人数预测

由于经济变量的当期值与上期值往往有较强的相关性，本部分还尝试采用自回归的方法对中国非煤矿山事故死亡人数进行预测，经过反复尝试，以当期死亡人数对上期死亡人数进行基于最小二乘法的回归分析，得到结果如表5-4所示。从表5-4可以看出，上期死亡人数的系数在1%的水平上显著，回归结果在一定程度上具有较强的解释力。因此，用于预测的模型可表示为：

$$DEATH_t = 0.952198 * DEATH_{t-1}$$

由此可以计算得出：$DEATH_{2018} = 0.952198 * 484 \approx 461$

$$DEATH_{2019} = 0.952198 * 461 \approx 439$$

$$DEATH_{2020} = 0.952198 * 439 \approx 418$$

可以看出，与三次指数平滑法相比，基于最小二乘法的中国非煤矿山事故死亡人数的预测结果略微有一定的偏差，原因可能在于三次指数平滑法仅在预测下一年的结果时最为精确，因为每一次平滑都会带来参数值的变动，所以越远离预测依据年份，精度越差；

基于最小二乘法的预测结果拟合度为 0.88，并未完全拟合，因此，存在一定的偏差。

表 5-4　　　　基于最小二乘法的中国非煤矿山事故
死亡人数自回归分析结果

	Coefficient	Std. Error	t - Statistic	Prob.
DEATH（-1）	0.952198	0.040515	23.50233	0.0000
R-squared	0.879850	Mean dependent var		1520.500
Adjusted R-squared	0.879850	S. D. dependent var		834.1037
S. E. of regression	289.1226	Akaike info criterion		14.23204
Sum squared resid	1253878.	Schwarz criterion		14.28033
Log likelihood	-112.8563	Hannan-Quinn criter.		14.23451
Durbin-Watson stat	1.474882			

需要说明的是，非煤矿山生产安全事故死亡人数预测方法的不同可对结果造成一定的影响，本章采取的三次指数平滑法特别适合于短期预测，尤其是利用上期数据预测下一期的值时，具有极高的精确度，加之所能获取数据的时间长度仅为17年，无法对更长时期的死亡人数进行预测，所以，本章仅预测了2018—2020年中国非煤矿山事故死亡人数，预测结果也具有较高的精确度。

六 促进中国非煤矿业发展与生产安全事故"脱钩"的精准监管建议

非煤矿山安全生产监管，属于社会性监管的范畴。非煤矿山的安全开采利用，直接关系到工业主要原材料的及时高效供给。由于非煤矿山的开采过程存在诸如起重伤害、辐射、火灾、水灾、机械伤害、坠落、提升运输、地压、中毒窒息和爆破等多种安全风险，国家及地方政府历来高度重视对其进行安全生产监管。然而中国非煤矿山生产安全事故仍然时有发生，严重威胁着非煤矿山工人的生命安全与行业的可持续健康发展，以关停非煤小矿山为主要标志的供给侧结构性改革正对中国非煤矿业发展产生深远影响，安全发展与绿色发展成为新时代中国非煤矿业发展的重要目标。

本部分首先简要透视了中国非煤矿山安全生产现

状；随后，分析了供给侧结构性改革深入推进对中国非煤矿业发展的深刻影响；最后，从中国非煤矿山安全生产监管立法与改革、安全生产监管机构设置及权责、安全生产监管模式转变、企业安全生产标准化工作做到实处、非煤小矿山安全生产乱象的监管、强化非煤矿工施工队伍管理及权益保障、结构调整、技术革新和管理实践等维度，为促进中国非煤矿业发展与生产安全事故"脱钩"提供精准的监管建议。

（一）中国非煤矿山安全生产形势分析

随着非煤矿山生产技术装备水平、安全监管法律法规的日益完善，关停非煤矿山的力度逐步加大，2015年中国非煤矿山数量为37879座，较2010年的75937座减少38058座；安全标准化企业达标率由2010年的1%提高到2015年的90.1%，安全避险"六大系统"建成率由2010年的1.8%提高到2015年的99.2%，露天矿山机械铲装率由2010年的62.8%提高到2015年的92.7%，尾矿库危库、险库数量由2010年的287座下降至2015年的0座。[①]

2017年，中国非煤矿山生产安全事故共有407起，

---

① 《非煤矿山安全生产"十三五"规划》，http://www.gov.cn/xinwen/2017-08/25/content_5220261.htm。

造成484人死亡，同比减少了54起和41人，降幅分别为11.7和7.8个百分点。其中，较大事故有15起，造成63人死亡，未发生重特大事故。2013—2017年中国非煤矿山生产安全事故起数和死亡人数参见图6-1，可以看出近年来中国非煤矿山安全生产形势有所好转，事故起数和死亡人数大体上均呈现出明显的下降态势。2013—2017年中国非煤矿山生产安全事故死亡人数前十位地区的事故总量情况参见图6-2，可以看出中国非煤矿山生产安全事故呈现出明显的区域差异，云南、辽宁、广西、湖南4省份在2013—2017年非煤矿山生产安全事故的死亡人数在200人以上，事故起数与死亡人数呈现出较强的正相关性，意味着较少发生重特大生产安全事故。

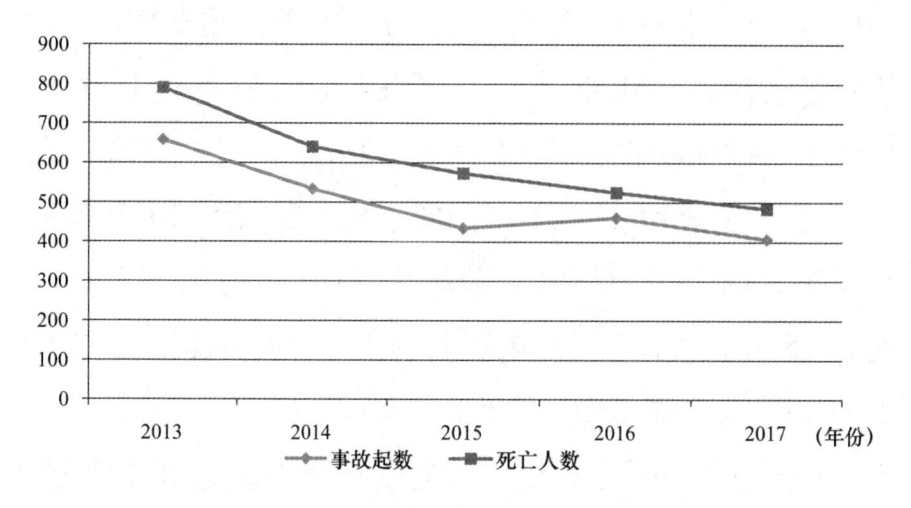

图6-1 2013—2017年中国非煤矿山生产安全事故总量变化趋势

资料来源：《2017年全国非煤矿山生产安全事故统计分析报告》。

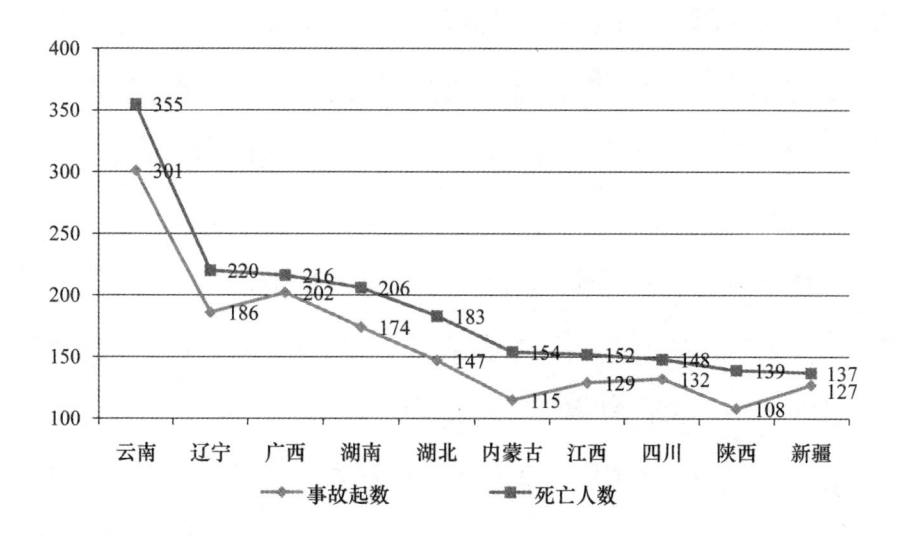

图 6-2 2013—2017 年中国非煤矿山生产安全事故死亡
人数前十位地区事故总量

资料来源：《2017 年全国非煤矿山生产安全事故统计分析报告》。

（二）供给侧结构性改革深入推进对中国非煤矿业发展的影响

推进供给侧结构性改革，是引领经济发展新常态的重大理论与实践创新。中国非煤矿业的发展为传统产业改造升级、新兴产业尤其是新材料、环保产业等的发展壮大提供了重要的基础性原料，是加快推动中国工业高质量发展不可或缺的资源型产业。中国非煤矿业落后产能数量大，"减少无效供给，扩大有效供给"成为供给侧结构性改革的重点方向，是非煤矿业供给侧结构性改革必须经历的"阵痛"。要坚持以安全生产为首要目标，杜绝带血的 GDP，以壮士断腕的力度进行非煤矿业落后产能的淘汰，保留优质产能，创造新动能，为中国工业高质量发展肃清障碍，开辟新的路径。

除了淘汰非煤矿业落后产能，中国矿产资源开发还将面临着越来越多的复杂矿、超大超深矿、海洋矿产资源、深海油气和高坝大库、容尾矿库的开采建设问题，对非煤矿山安全生产形势提出了更高的要求，而且随着资源环境压力的日益增大，对非煤矿山绿色发展的需求也不断提高，安全绿色高效发展已成为新时代中国非煤矿山行业持续发展的根本要求。

为在供给侧结构性改革深入推进背景下推动中国非煤矿业发展与生产安全事故"脱钩"，本报告将从监管立法与改革、监管机构设置及职责、监管模式转变、安全生产标准化、小矿治理、非煤矿工管理及权益保障、非煤矿山结构调整、技术革新、管理实践等维度对中国非煤矿山安全生产提出精准的监管建议。

（三）中国非煤矿山安全生产监管体制创新

中国非煤矿山安全生产监管体制创新是实现安全生产的重要保障，监管体制创新涉及到监管立法与改革、监管机构设置与权责明晰、监管模式转变、安全生产标准化、非煤小矿山的治理、矿工管理与权益保障等方面，因此，中国非煤矿山安全生产监管体系建设是一项系统工程，须从顶层设计入手，逐步将监管各环节落实到位，最终实现中国非煤矿山安全生产的目标。

1. 中国非煤矿山安全生产监管立法与改革

新时代中国经济高质量增长和新兴产业迅速发展对非煤矿山原材料的需求日益增长，对非煤矿山的安全生产也提出了更高的要求，部分非煤矿山安全监管的法律法规已不能够适应行业发展需要，因此，须对现行的陈旧的法律法规进行清理，对相关法律法规进行修订完善，以更好地体现出科技进步、监管手段创新对非煤矿山安全生产的影响，更好地服务于非煤矿山安全事故预防与监管处理。

中国现行非煤矿山安全生产法律法规体系主要包括：《安全生产法》《矿山安全法》《职业病防治法》《劳动法》和《特种设备安全法》，主要行政法规包括：《安全生产许可证条例》《国务院关于特大安全事故行政责任追究的规定》《建设工程安全生产管理条例》《民用爆炸物品安全管理条例》《生产安全事故报告和调查处理条例》和《矿山安全法实施条例》。表6-1总结了非煤矿山综合类、金属非金属类和石油天然气类的部门规章。

表6-1 中国非煤矿山安全生产法律法规体系（分行业的部门规章）

非煤矿山综合类	金属非金属类	石油天然气类
《非煤矿山企业安全生产许可证实施办法》（总局20号令）	《金属非金属地下矿山企业领导带班下井及监督检查暂行规定》（总局34号令）	《海上石油天然气生产设施检验规定》（原能源部4号令）
《非煤矿山外包工程安全管理暂行办法》（总局令第62号）	《金属非金属矿产资源地质勘探安全生产监督管理暂行规定》（总局35号令）	《海洋石油安全管理细则》（总局25号令）
	《尾矿库安全监督管理规定》（总局38号令）	《海洋石油安全生产规定》（总局4号令）
	《小型露天采石场安全管理与监督检查规定》（总局39号令）	
	《金属非金属矿山建设项目安全设施目录》（总局令第75号）	

资料来源：《非煤矿山安全生产法律法规和标准数据库》。

中国非煤矿山安全生产监管的法律法规体系须涵盖安全生产全过程、全方位，保证可操作性、系统性和相对的独立性。从监管内容来看，须包括矿山企业设立的可行性、准入条件、设计、建设、生产、尾矿处理及关停等；从安全生产环境打造来看，须对安全生产技术、设备进行标准化规定；从非煤矿工的招聘及安全培训来看，须对企业经营决策者、管理人员和矿工做出全方位行为规范；从非煤矿山安全生产监管机制来看，要确保监管的独立性，切实做到事前预防为主，事中事后监管为辅。

就当前中国非煤矿山安全生产监管体制来讲，为进一步推动完善非煤矿山安全监管体制，须配合做好矿山与海洋石油安全监管体制改革，对页岩气开发、核工业矿山安全监管体系进行完善，基于放管服改革，对海洋石油天然气开采安全生产许可证制度进行改革。

2. 中国非煤矿山安全生产监管机构设置及权责

2018年3月21日，中共中央印发《深化党和国家机构改革方案》，新组建应急管理部门，整合了10个不同部门的职责，组建了5支应急救援队伍，不再保留原国家安全生产监督管理总局，其职责并入到应急管理部，组建后的应急管理部机构设置如图6-3所示。国家煤矿安全监察局下属的安全监督管理一司是负责非煤矿山的安全生产监管工作，其主要职责包括：一是对非煤矿山（包括地质勘探）以及除炼化、成品油管道之外的石油行业在安全生产条件、设施运转安全和遵守安全生产法律法规等方面的情况进行依法监督检查；二是对非煤矿山大型项目安全设备或设施设计的审核与竣工验收；三是对非煤矿山企业的安全准入进行把控；四是对安全生产条件不达标的非煤矿山企业进行关停；五是对海上石油行业的开采安全进行监督；六是对非煤矿山的重特大事故进行应急救援和调查处理。当前，中国非煤矿山的安全生产监管并未由独立的部门进行监管，而仅仅由安全监督管理一司负责，可能会削弱对中国非煤矿山的安全生产监管力度，因此，可考虑设立专门的非煤矿山安全生产监督管理局，并保持其独立性与权威性。

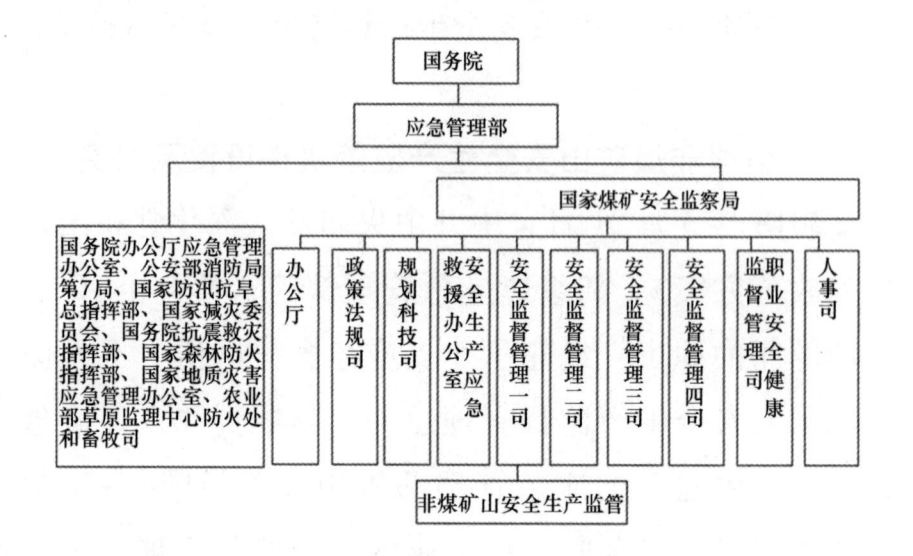

图 6-3 中国非煤矿山安全生产监管机构设置

资料来源：2018年3月21日中共中央印发的《深化党和国家机构改革方案》；肖兴志、齐鹰飞等：《转型期中国工作场所安全规制研究》，东北财经大学出版社2010年版，第108页。

中国非煤矿山安全生产监督管理局可下设地区非煤矿山安全生产监管分局，专门对本地区非煤矿山安全生产进行监管，亦即采取"条块相结合"的模式，也就是说，地方政府承担具体职责，中国非煤矿山安全生产监督管理局仅仅给予监督与指导，财政业务经费由地方政府提供，对于非煤矿山的违法行为所进行的罚款等资金直接进入地方财政。若发生非煤矿山生产安全事故，采取垂直管理的模式进行应急救援，各地区应急救援队执行统一的训练执勤标准，中央财政统一进行保障供给，如果遇到重特大非煤矿山生产安全事故，中央可直接进行应急救援队的调派，确保在第一时间进行处置。随着经济高质量发展对非煤矿山原料的需求日益增长并提出更高的安全生产标准要求，未来中国非煤矿山安全生产监督管理工作将向专业化和职业化方向转变，将催生和加强大专院校安全生产专业的设置与专业人才的培养等。

具体而言，落实安全监管责任的关键在于进一步明确建设项目核准、越层越界开采、无证非法开采、淘汰落后产能、民用爆炸物品管理、尾矿库监管等方面的责任，科学划分省、市、县三级非煤矿山安全监管部门的职责，一个矿山企业只有一个监管主体，省、市、县三级安监部门分别直接监管一定数量的非煤矿山企业。敦促非煤矿山企业建立实施"一岗一清单"制度，强化岗位责任公示，把企业责任制建设情况纳入到日常执法检查的重要内容中，非煤矿山央企要切实发挥安全生产主体责任的示范作用。

3. 中国非煤矿山安全生产监管模式转变

随着科技进步与管理水平的提高，非煤矿山安全生产监管模式应进行相应的创新，以适应新时代安全生产监管工作的需要，推动从"行业管理者、企业安监员"转变为"安全监管执法者"；从宏观上抓安全生产转变为对不同风险进行分级监管；从直接到非煤矿山企业进行安全隐患排查转变为专家检查与政府执法；从事后查处转变为事前防范；用"互联网＋"取代传统的眼看、手摸和凭经验等方式，大幅提升非煤矿山安全生产监管的技术水平。

非煤矿山全域监管体系包括1个集成平台、2条数据主线和3个核心数据库。其中，集成平台指的是地理信息系统集成平台，主要是用于收集、汇总和展示地区所有非煤矿山企业的安全生产信息、政务信息以及公共服务信息；2条数据主线指的是根据地理信息数据的风险分级管控数据流以及隐患排查治理的数据流；3个核心数据库包括安全管理、安全监管监察以及公共服务数据库。具体而言，非煤矿山"一张图"全域监管体系的核心数据库包括企业基本信息数据库、重大危险源库、行政许可库、行政执法库、事故隐患库、应急救援库、职业卫生信息库和设备设施库等；非煤矿山"一张图"全域监管体系结构包括标准体系和数据体系，其中，标准体系包括法律法规和行业标准，数据体系包括风险动态评估管控和隐患排查治理；非煤矿山"一张图"全域监管体系支撑平台，亦即地理信息系统集成平台框架，包括硬件设施、软件设施和网络设施。

总之，须加强安全风险分级管控和隐患排查治理双重预防机制的建设，构建起适合矿山特点的风险源辨识、风险评估、科学分类、过程控制、持续优化和全员参与的系统化管控体系，在数据库建设、实时跟踪、安全生产知识培训等方面协同推进，最终运用信息化手段遏制重特大非煤矿山生产安全事故的发生。①

4. 中国非煤矿山企业安全生产标准化工作做到实处

2017年4月12日发布的《国家安全监管总局关于进一步规范非煤矿山安全生产标准化工作的通知》（安监总管一〔2017〕33号）要求，非煤矿山企业在开展标准化建设时，须遵循《企业安全生产标准化基本规范》《金属非金属矿山安全标准化规范》或《石油行业安全生产标准化》系列标准，确保工作规范化、

---

① 资料来源：《2018年非煤矿山安全监管工作要点》，安全监管总局监督管理一司，http://www.chinasafety.gov.cn/zjnsjg/ajys/zcwj_381/201802/t20180211_206007.shtml。

系统化、程序化、有效性和可操作性。通过标准化工作推进双重预防机制的构建，并强化标准化体系的动态循环运行，确保全员参与标准化建设。在规范标准化等级评定时，要严格规范评审机构的从业行为，加强标准化达标企业的动态管理。标准化证书的有效期为三年，若评审过程存在弄虚作假、迟报、漏报或者谎报非煤矿山生产安全事故的，应撤销标准化等级并追回证书和牌匾，在证书的有效期内，一、二、三级企业分别发生死亡1、2、3人以上生产安全事故的，同样须撤销非煤矿山安全生产标准化等级，收回证书与牌匾。[①]

中国非煤矿山企业安全生产标准化工作须从准入门槛设定、规模条件要求、落后矿山企业设备设施情况、新业态安全监管等方面展开深入研究和推进实施。一是，提高矿业权市场配置准入门槛，采用市场手段合理确定矿业权成本，使得开发主体能够以科学的手段和规模进行开发，以确保安全生产条件达标；二是，提高规模准入门槛，推动各地根据矿产资源分布，扩大实施最小规模开发条件限制的矿种种类与规模水平，切实解决低水平小矿山前关后开、重复建设的弊端；

[①] 资料来源：《国家安全监管总局关于进一步规范非煤矿山安全生产标准化工作的通知安监总管一〔2017〕33号》，http：//www.qhdsafety.gov.cn/ywgz/2017/8/1503361870796feae78999d44129bcda.html。

三是，以供给侧结构性改革为抓手，以安全生产为指引，基于"淘汰关闭一批、优化整合一批、改造提升一批"的原则，推动各地区压减矿山数量，发挥非煤矿山开发的规模效应；四是，随着矿产资源开发力度的加大，未来的矿山开发将向超大规模深井、页岩气、油页岩和深海石油天然气开采延伸，须对此类高风险生产行为进行安全监管，提升安全生产水平。

实施非煤矿山安全质量标准化，是实现非煤矿山企业自我约束，建立安全生产长效机制的一种有效方式；是确保非煤矿山生产的各个岗位、各生产环节和安全水平符合法律法规的要求，层层分解安全责任落实到每一个岗位，形成全员参与的责任体系；能够切实发挥遏制非煤矿山生产安全事故的内在体制性优势，最终降低事故发生率。

5. 监管中国非煤小矿山安全生产乱象

由于中国部分地区地方保护主义比较严重，对小型非煤矿山安全生产监管力度不够强，时常出现人治大于法治的情况，也存在着证照不全开工生产的情况，监管浮于形式，地方政府针对非煤矿山的安全监管不能够深入到一线，严重依赖于"以罚代管"的问题比较突出。全国小矿山占矿山总量的87.1%，四、五等尾矿库占总量的比例为87.3%，相当一部分存在设备、设施简陋的情况，有相当一部分仍在使用非阻燃电缆和非阻燃风筒等落后工艺，对安全生产构成严峻威胁。因此，针对非煤小矿山的安全生产监管须进行分级管理，严格落实安全生产责任制，将非煤小矿山的基本信息、安全设施与生产条件建成数据库，进行实时监控，对于不符合安全生产条件的小矿山要严格进行整顿或关停，确保非煤小矿山的设备安全、投入安全和监管安全落实在每一级的监管机构和监管人员上。

除了对非煤小矿山进行信息采集、分级监管之外，有必要对非煤小矿山进行适当整合，形成规模化生产，运用先进勘探开采技术，有利于降低小矿山经营的成本，提高安全生产水平。对于违法盗采等恶劣行为，要严厉查处，并追究企业相关责任人与地方政府相关部门的责任。当期，中国非煤矿山关停数量的不断增加，也在一定程度上表明，对非煤小矿山安全生产乱象的治理已经有了初步的成效。未来，中国非煤小矿山须以自我安全约束为主，监管威慑为辅，形成安全生产的良好局面。

6. 强化中国非煤矿工施工队伍管理及权益保障

施工资质的准入监管是确保安全生产的首要环节，按照资质把非煤矿山安全生产施工队伍划分为若干个等级，明确矿山安全生产专业技术人员的数量和质量，在矿山开发施工过程中，须按照承包资质等级来决定从事工作的范围，若工程被外包，则需要确保施工队伍符合国家相关要求，按照招投标程序进行，以保障施工队伍是合法的；此外，还须对施工队伍进行后续监督管理，使其明确职责、规范操作，保证施工质量达标，在安全生产的前提下保障工程的整体质量。

对于中国非煤矿工的安全生产管理来说，适当的激励不仅可以使被激励人员拥有和保持良好的工作习惯，还能够让他们成为他人的榜样，激励他人保持行为规范，确保生产行为达到安全要求。在选择激励方式的时候，须根据非煤矿工安全行为影响力的大小，并依据个人需求进行针对性的激励，注重物质激励与精神激励相结合，从而更大限度发挥非煤矿工的工作热情，确保安全生产行为的规范化，有效遏制非煤矿山生产安全事故的发生。

由于中国非煤矿山的作业条件艰苦且多数矿工都是农民工，呈现出劳动力流动性强、文化素质偏低等特征。发起并组建中国非煤矿工组织，推动非煤矿工利益公平化，是提高矿工安全生产条件的有效路径。应使之能够与非煤矿山企业相抗衡，以维护矿工权益，充分保障非煤矿山安全设备、安全设施和安全投入的正常运转与合理化水平。

（四）中国非煤矿山结构调整的具体路径

据统计，世界矿产年开采量的70%以上是非金属矿。非金属矿的发展，在一定程度上代表了一个国家的工业发展水平。中国非金属矿山企业数量占全部矿山企业数量的比重由2006年的72.33%提高到2015年的73.95%。中国非金属矿业已基本建立起勘探、开采、加工、销售和研发的工业体系。随着国家支持新兴产业发展的力度逐步加大，非金属矿物材料已经成为无机非金属新材料的重要组成部分，为新能源、环保等高新技术产业发展提供了重要的支撑材料。

中国非金属矿资源分布比较广泛，中东部对非金属矿资源的需求较大，但储量较小、产业集中度较高；西部地区资源储量丰富，但开发利用程度较低；由于勘探力度加大，优质大型非金属矿资源数量已呈现急剧下降的态势。中国非金属矿数量多、规模小、以私营为主，并未形成适应现代市场经济要求的规模化、集约化生产；非金属矿产资源采选过程中会产生大量的废石，占用和破坏大量土地与植被资源，非金属矿产资源的开发已经导致历史遗留矿山地的地质环境问题。

因此，中国非煤矿山的结构调整，须进行较大规模的产权整合与兼并，形成若干大型非煤矿山企业。这样做一方面有利于发挥规模效应，另一方面便于安全生产监管责任的落实，防止违法违规小矿山企业盗采行为的发生；此外，对非煤矿山的结构调整，也有利于区域矿产资源的合理化开采利用，并有效控制由此所造成的地质与环境问题，实现非煤矿山企业的安全发展与绿色发展。

（五）中国非煤矿山技术革新的重点领域与方向

技术革新对于实现中国非煤矿山资源的高质量开采，遏制非煤矿山重特大事故具有重要的基础性作用。技术革新不仅能够促进勘探技术和开采技术的提高，而且对产品的深加工和未来需求产生直接的影响，在一定程度上能够避免由过度开采诱发的生产安全事故。一直以来，非金属矿物材料的加工技术是制约非金属矿业发展的关键环节，非金属矿业的技术开发与市场、应用领域存在着脱节现象，特别是应用技术不足。由原料工业向材料工业转变，须突破非金属矿和金属矿、无机和有机复合材料之间的界限，把非金属矿物材料的加工提升至多品种、多功能、规模化的产品生产阶段。

中国非金属矿业的供给侧结构性改革，重点应从非金属矿物新材料的特色出发，聚焦非金属矿物新材料的特性形成核心技术，拓展非金属矿深加工和应用领域，重视非金属矿物材料标准的研究制订，全面提升非金属矿行业的深加工能力和水平。以生态文明建设为指导，推动非金属矿开发和深加工企业进行环保整治与技术升级，提升行业的环保水平，对于生态环境破坏等问题，加快研发尾矿资源化、材料化的应用技术，减少尾矿堆放量，统筹推进非金属矿产资源绿色矿业发展示范区建设。中国非煤矿山行业的绿色发展，也在一定程度上为防止生产安全事故的发生奠定了良好的基础。

安全生产的资金与科技投入，是进行生产安全事故隐患整改和依靠技术革新实现安全生产的重要基础，对中国非煤矿山安全生产的特点、科技需求进行分析，有利于对重大安全生产科技项目进行攻关，运用新技术、新设备，全面提升非煤矿山的安全生产水平，用安全科技支撑中国非煤矿山的安全生产，是有效降低事故发生率的根本保障。

（六）中国非煤矿山生产安全事故的管理实践

为深入探讨中国非煤矿山生产安全事故的成因及

监管实践，汲取以往事故的经验教训，为完善中国非煤矿山安全生产监管体系寻找现实依据，本部分分析了近年来中国非煤矿山生产安全事故的 3 个典型案例，事故的简介、成因及安全生产监管缺失情况如下。

（1）辽宁本溪龙新矿业有限公司思山岭铁矿"6·5"重大炸药爆炸事故[①]

事故发生时间是 2018 年 6 月 5 日。事故造成 14 人死亡，10 人受伤，直接经济损失 4723 万元。调查组发现，这是一起由于违章指挥、违章操作所导致的炸药爆炸重大生产安全责任事故。管理缺位、权责不清、爆破作业管理混乱是造成事故的重要原因。雷管扔进炸药桶，反映出人员缺乏相应资质，现场管理混乱，民爆物品运送和使用的每个环节都存在着极大的漏洞。

企业落实主体责任最终的受益者是企业本身，有关部门应切实履行在安全生产工作中的责任，形成监管合力，加强对民爆物品与基建矿山的安全生产监管，最大限度遏制重大事故发生。非煤矿山安全生产监管部门应依据相应的法律法规，对各个非煤矿山企业的管理权责进行明确划分，对于负责安全生产各阶段的人员进行合理配置，权责细分到个人，

---

① 资料来源：辽宁本溪"6·5"重大炸药爆炸事故调查报告公布，中国应急管理报，http://www.aqsc.cn/anjian/201809/20/c87948.html。

使得安全生产管理处于透明状态，亦即落实企业的安全生产主体责任。

（2）山东省临沂市平邑县万庄石膏矿区"12·25"采空区重大坍塌事故[①]

事故发生时间是 2015 年 12 月 25 日。截至 2016 年 2 月 6 日，事故造成 1 人死亡，13 人失踪，直接经济损失 4133.9 万元。调查组的分析结果认为，玉荣商贸有限公司没有落实采空区监测治理主体责任，是导致事故发生的主要原因。玉荣商贸有限公司与万枣石膏矿签订整合协议以后，在采矿手续尚未办理完毕的情况下，一直将万枣石膏矿作为停产矿井没有纳入到正常的生产矿山管理中，采空区发生局部垮落，未能及时发现和治理，未能完全履行对万枣石膏矿采空区监测和治理的责任；玉荣石膏矿对相邻矿山采空区坍塌风险的认识不足，防控不到位；政府及有关部门对停产矿山采空区的监测与治理不到位。

因此，非煤矿山安全生产监管部门须对非煤矿山安全风险及安全培训进行深度布局，对企业经营行为进行跟踪，及时发现并纠正违法行为，分层级进行风险管控。

[①] 资料来源：临沂市平邑县万庄石膏矿区"12·25"采空区重大坍塌事故调查报告，齐鲁晚报，http://linyi.qlwb.com.cn/2016/1123/786337.shtml。

（3）陕西省渭南市澄城县硫磺矿因非法盗采煤炭资源引发井下火灾事故[①]

事故发生时间是2013年7月23日。事故共造成10人死亡和9人受伤。2008年2月，该非煤矿山安全生产许可证已经到期，但是在尚未延期换证的情况下，以改造完善硫铁矿生产系统为名，私自建设另一套采煤生产系统，长期非法开采煤炭资源，最终造成井下重大火灾事故，暴露出一些地区打击非法违法生产行为不彻底、安全生产大检查未能做到"全覆盖"和安全监管责任落实不到位等突出问题。

因此，非煤矿山安全生产监管部门应及时跟踪各非煤矿山企业安全生产许可证的有效期，提前下达换证通知，并及时提供相应的指导和服务，严格查处非法开采行为，提高监督检查的覆盖面和追责的力度，以此遏制生产安全事故的发生。

[①] 资料来源：官方通报陕西澄城硫磺矿等两起非法开采重大事故，中国新闻网，http://www.chinanews.com/gn/2013/08-01/5112990.shtml。

参考文献

白玉栋：《试论非煤矿山安全生产管理的关键环节》，《黑龙江科学》2017年第5期。

白重恩、张琼：《中国的资本回报率及其影响因素分析》，《世界经济》2014年第10期。

薄一波：《三十年来经济建设的回顾（一九八〇年一月十五日）》，《党的文献》2008年第2期。

陈佳贵、黄群慧：《工业发展、国情变化与经济现代化战略——中国成为工业大国的国情分析》，《中国社会科学》2005年第4期。

陈佳贵、黄群慧、钟宏武：《中国地区工业化进程的综合评价和特征分析》，《经济研究》2006年第6期。

杜红兵、张永来、夏征义：《国有煤矿重大事故率短期预测的时序外推分析法》，《煤矿安全》1998年第11期。

国务院发展研究中心"我国近中期经济社会发展的特

征、挑战与战略选择"课题组：刘世锦、张丽平、吴振宇：《我国出口竞争力变化与出口增速下滑》，《发展研究》2013年第6期。

国务院发展研究中心"中等收入陷阱问题研究"课题组：刘世锦、张军扩、侯永志、刘培林、许伟：《中国经济潜在增长速度转折的时间窗口测算》，《发展研究》2011年第10期。

何永芳：《中国改革开放以来的工业化进程分析》，《广东社会科学》2009年第2期。

黄群慧：《论中国工业的供给侧结构性改革》，《中国工业经济》2016年第9期。

贾虎军、王立娟、唐尧等：《非煤矿山"一张图"全域监管模式研究》，《地理空间信息》2018年第7期。

李红霞、胡小帆、李琰：《基于指数平滑法的煤矿事故死亡预测研究》，《煤炭技术》2016年第3期。

李贤功、万猛、周晶等：《我国煤矿事故死亡人数组合预测及行业比较》，《矿业安全与环保》2015年第4期。

栗鸿源：《非煤矿山安全生产监管将实现五个转变》，《中国矿业报》2018年2月23日第1版。

刘长青：《非煤矿山安全现状分析及对策措施》，《安全》2016年第7期。

裴文田：《以十九大精神为指导，全面推进非煤矿山安全监管》，《现代职业安全》2018年第1期。

石忠伟：《试分析非煤矿山安全生产管理的关键点》，《世界有色金属》2018年第18期。

汪文广：《澳大利亚矿山安全生产管理》，《劳动保护》2015年第3期。

王安建：《认识资源消费规律，把握国家资源需求》，《科学新闻》2012年第2期。

王丹、董煜：《我国非金属矿产资源利用形势及管理建议》，《中国非金属矿工业导刊》2017年第2期。

王海波、董志凯：《新中国工业经济史（1958—1965）》，经济管理出版社，第37—50页。

王昊：《美国近40年最严重的矿难发生之后》，搜狐网，https：//www.sohu.com/a/148526687_700554，2017年6月。

王景春、赵艳军、田运生：《京津冀协同发展背景下的安全生产问题研究》，《石家庄铁道大学学报》（社会科学版）2016年第3期。

王磊：《煤矿事故预测方法的实现与改进》，《科技传播》2016年第18期。

王敏：《美国矿山安全生产现状及安全经验总结》，《中国安全生产》2017年第3期。

吴大明：《美国矿山分级分类监察及其对中国煤矿重大事故防范的借鉴》，《中国煤炭》2017年第12期。

吴德建、武爽、邹文杰、汤道路：《澳大利亚煤矿安全生产管理与文化的借鉴》,《煤矿安全》2009 年第 2 期。

肖兴志、齐鹰飞等:《转型期中国工作场所安全规制研究》,东北财经大学出版社 2010 年版,第 6 章。

叶万军、杨更社、王罗惠等:《煤矿安全事故的一种预测方法》,《自然灾害学报》2010 年第 4 期。

庾莉萍:《美国历史上的矿难及治理经验》,《内蒙古煤炭经济》2006 年第 5 期。

张亮、杨建龙:《中国资源的供求格局及其前景展望》,《当代经济管理》2013 年第 9 期。

朱龙洁、叶义成、胡南燕等:《基于中国传统文化思想的非煤矿山安全管理方式探讨》,《矿山机械》2016 年第 1 期。

朱庆明、张浩:《三次指数平滑法在煤矿事故预测中的应用研究》,《中国安全生产科学技术》2012 年第 4 期。

John Hyvarinen, Leland H. Johnson, and D. O. Kennedy, *Major Disasters at metal and nonmetal mines and quarries in the United States (excluding coal mines)*, Washington D. C.: U. S. Dept. of Interior, Bureau of Mines, 1949.

Queensland Government, *Queensland Mines and Quarries Safety Performance and Health Report*, www. dnrm. qld. gov. au, 1 July 2015 – 30 June 2016.

史丹 中国社会科学院工业经济研究所所长、研究员、博士生导师。入选中共中央组织部、人力资源和社会保障部万人计划、国家高层次人才特殊支持计划领军人才，中共中央宣传部"文化名家暨四个一批"人才工程。国家能源委员会专家咨询委员会委员，国家气候变化专家委员会委员，中国工业经济学会理事长兼副会长，主要研究领域为产业与能源经济、绿色低碳发展等。主持国家社科基金重大课题，及国家发改委等部委和省市委托课题百余项，在《经济研究》等刊物发表论文150多篇，出版专著30余部，获国家级、省部级学术奖励30余项。